JN000270

「フツーな私」でも
仕事ができるようになる34の方法

田村麻美

日経WOMAN

第1章 「自分の市場価値」を知る

第2章 自分の「弱点」を最小化する

第3章

「デキる人」よりも「気さくな人」を目指す

第4章 「大事な人」ほど信用しない

第5章 「自分の味方」を毎日増やす

はじめに

この本は田村麻美という怠惰なひとりの女が、仕事をする人間として、どう人生を生き抜いてきたかの方法論をまとめたものである。

私の思考を並べる。

- ラクして生きたい
- 飽き性、でも、すぐ不安になる
- 秀でた頭の良さはない
- やりたい仕事もない
- やる気もない
- でも、生きていく上でお金は必要だから働かなきゃいけない
- 不労所得？　そんなの考える頭なんてない
- とにかくお金は必要なので社会から取り残されたくない
- とはいっても、できれば人生楽しく生きたい

どうだろう。一般的な企業から見て、できることなら採用したくない、やる気のない人材である。

すべての人間が、やる気100％キラキラギラギラ！なわけではないが、特に私は何事にもやる気がない人間である。

やる気がないだけならまだしも、妬み嫉《そね》みも強めな人間であるからタチが悪い。人と同じだけ勉強しているのに、なぜ私はこの程度の成績なんだ。あの子は遊んでいるのに私より成績がいい。これはもともとの頭のつくりの差だ！神様、ずるいよ！なんて、ぐちょぐちょの妬みでいっぱいの時代もあったものだ。

とはいっても、妬み嫉みだけでは、生きていくためのお金を得られるわけがない。どうにかして社会にしがみついて生きていかねばならない。

実力がなくとも生きていかなくてはならないのが、この世界だ。実力がない人間はつらい人生を送らなければならないのか。いや、誰だって幸せに生きたいじゃないか。どうやったら、実力もない社会不適合者でも幸せに生きられるのか。

私は現在37歳。税理士。たまに執筆の仕事もさせていただいている。社会不適合者だったはずの人間が、今では、割と社会といい距離感を保って生きている。

なぜか。**実力がない自分にもできる方法で、社会に適合する方法を身に付けたからだ。**

この本では、仕事ができずに毎日泣いていた私が、失敗も重ねながら試行錯誤して編み出してきた「仕事の武器」を紹介する。これらのおかげで、今はなんとか社会にしがみついて生きていけている。

私のように「実力がない」と思っている人の参考になれば、と思う。私のやり方が参考にならなければ、各章の最後に紹介する、一般の働く女性たちが身に付けた仕事の武器を、ぜひ参考にしてほしい。

自信がない、能力がないと自覚する人間でも、それをカバーする武器を身に付けられること、それで社会を生き抜いていけることを知ってもらえればと思う。

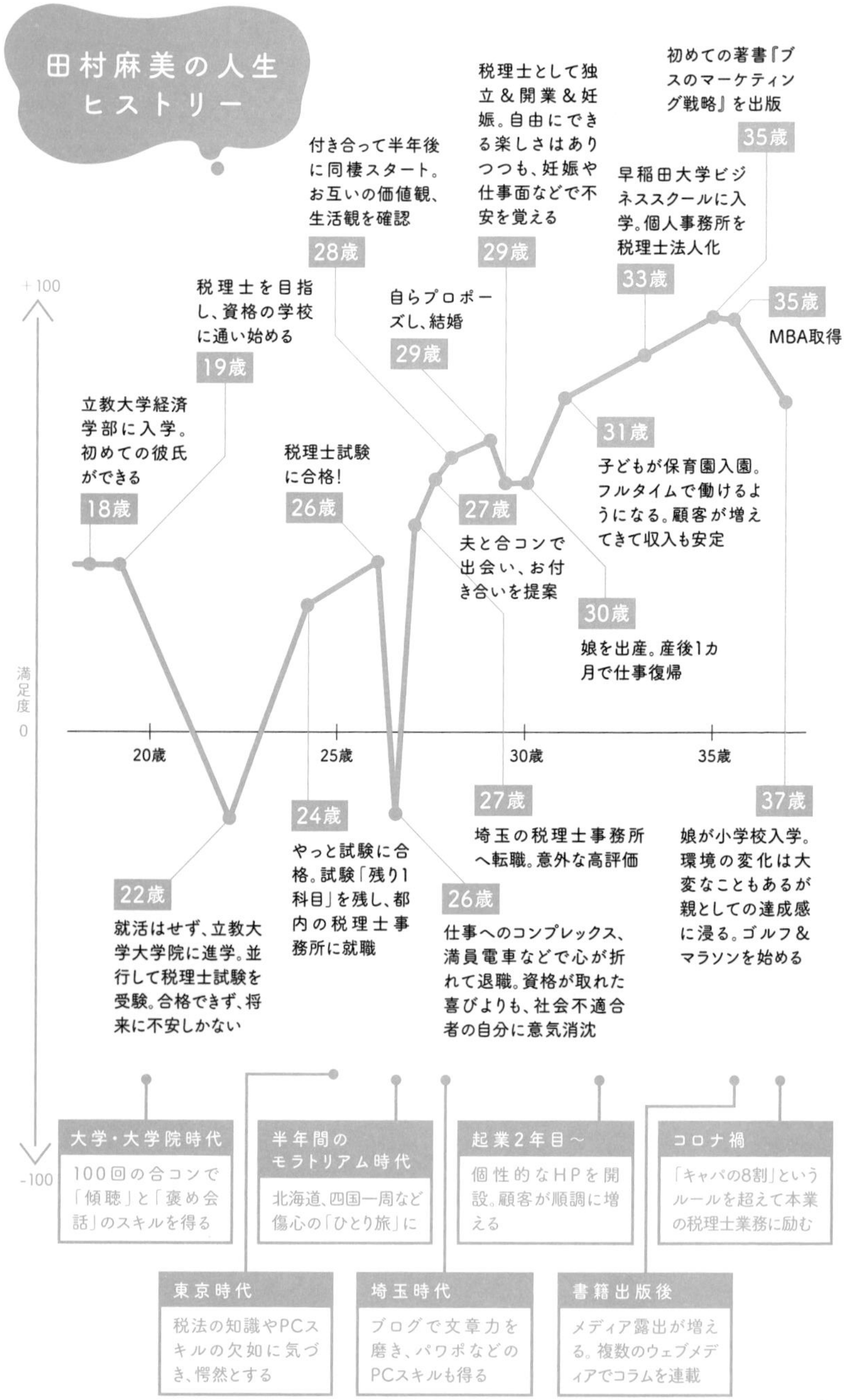
田村麻美の人生ヒストリー
+100
満足度
0
-100
20歳
25歳
30歳
35歳
18歳
立教大学経済学部に入学。初めての彼氏ができる
19歳
税理士を目指し、資格の学校に通い始める
22歳
就活はせず、立教大学大学院に進学。並行して税理士試験を受験。合格できず、将来に不安しかない
24歳
やっと試験に合格。試験「残り1科目」を残し、都内の税理士事務所に就職
26歳
税理士試験に合格!
26歳
仕事へのコンプレックス、満員電車などで心が折れて退職。資格が取れた喜びよりも、社会不適合者の自分に意気消沈
27歳
夫と合コンで出会い、お付き合いを提案
27歳
埼玉の税理士事務所へ転職。意外な高評価
28歳
付き合って半年後に同棲スタート。お互いの価値観、生活観を確認
29歳
自らプロポーズし、結婚
29歳
税理士として独立&開業&妊娠。自由にできる楽しさはありつつも、妊娠や仕事面などで不安を覚える
30歳
娘を出産。産後1カ月で仕事復帰
31歳
子どもが保育園入園。フルタイムで働けるようになる。顧客が増えてきて収入も安定
33歳
早稲田大学ビジネススクールに入学。個人事務所を税理士法人化
35歳
初めての著書『ブスのマーケティング戦略』を出版
35歳
MBA取得
37歳
娘が小学校入学。環境の変化は大変なこともあるが親としての達成感に浸る。ゴルフ&マラソンを始める
大学・大学院時代
100回の合コンで「傾聴」と「褒め会話」のスキルを得る
東京時代
税法の知識やPCスキルの欠如に気づき、愕然とする
半年間のモラトリアム時代
北海道、四国一周など傷心の「ひとり旅」に
埼玉時代
ブログで文章力を磨き、パワポなどのPCスキルも得る
起業2年目〜
個性的なHPを開設。顧客が順調に増える
書籍出版後
メディア露出が増える。複数のウェブメディアでコラムを連載
コロナ禍
「キャパの8割」というルールを超えて本業の税理士業務に励む

第1章

「自分の市場価値」を知る

方法
1
仕事で「誰に評価されたいか」を明確にする

「一生懸命仕事しているのに、なぜか上司が評価してくれない……」。そんな悩みで日々、悶々《もんもん》としているあなたに言いたい。すぐに、自分自身について「3C分析」をしてみるのだ！と。

「3C分析」は、事業計画や経営戦略を立てるために、自社（Company）、競合（Competitor）、顧客（Customer）という〝3つのC〟を洗い出して分析する、マーケティングの基本的なフレームワークだ。

例えば、会社で経理を担当しているとしよう。あなたはとにかく、作業が速い。スピードなら誰にも負けないという自信がある。でもなぜか、上司は自分よりも仕事の遅い同僚を重宝しているようだ……。そこで、3C分析の出番。**「自社」はもち**

ろんあなた自身、「競合」は評価されているあなたの同僚、「顧客」はあなたの上司となる。

あなたのライバルである同僚は、「顧客」である上司にどういう点を評価されている？　考えてみると、同僚の仕事ペースは確かにゆっくりだが、ミスは全くない。一方で、自分は期限よりも早く作業を終えられるのが自慢だが、ちょっとしたミスが多く、上司から書類を差し戻されることがよくある。**そう、あなたのライバルである同僚が、上司に評価されているポイントは「正確さ」なのだ。**

そこさえ分かれば、あとは簡単。評価が高い「競合」の強みを自分に取り入れて、「自分という商品の改良」をすればいい。時間がかかったとしてもミスのない書類作りを優先して、いつもより丁寧に仕事を進めるだけだ。

「頑張っているのに報われない」ときは、このパターンのように、顧客（上司）のニーズと、あなたの強みや努力の方向性とがミスマッチであることが多い。「仕事相手が求めていること」を冷静に分析して、いつもの行動をほんの少し変えるだけ

「3C分析」をしてみよう

顧客＝上司、競合＝評価されている同僚、自社＝自分と考え、現状を客観的に分析する

	現状	分析
Customer ＝上司	・自分よりも同僚Aを高く評価している	・「仕事のスピード」よりも「緻密さ」に価値を重く置いている ・話しかけやすさやコミュニケーション力の有無を評価している
Competitor ＝評価の高い同僚A	・納期に遅れることはないが、仕事は速くない ・上司から信頼され、よく仕事を頼まれている	・作業は速くないが、仕事が丁寧でミスがない ・急な仕事を振られても、嫌な顔をせず、対応している ・仕事に直接関係のない話題でも、にこやかに受け答えしている
Company ＝自分	・作業が速く、納期よりも早く仕上げられる ・上司に評価されていると感じられない	・作業は速いが、たまにミスがある ・仕事中はピリピリしがち。仕事以外のことで話しかけづらい雰囲気がある

で、上司からの評価もきっと変わってくるはずだ。

今日からできる TODO

▼自社＝自分、競合＝評価されている同僚、顧客＝上司として「3C分析」をやってみる

▼現状を分析して、評判の良い同僚が上司に評価されているポイントを洗い出す

▼3C分析で「自分に足りないもの」が分かれば、すぐに取り入れて改善する

方法 2

評価されそうな「市場」に移動してみる

「3C分析」をやってみた。課題が分かって自分なりに努力しているけれど、どうしても評価アップにつながらない。**そんなときは、思い切って「市場」＝環境を変えてみるのも、ひとつの手かもしれない。**

拙著『ブスのマーケティング戦略』（文響社／集英社文庫）でも披露したが、何を隠そう、中学時代の私は成績が良く、周囲からの扱いは「神童」だった。地元中学の先生が「顧客」であり、「競合」は田舎の同級生たちだったからだ。それが埼玉県のトップ女子高に進学した途端、ライバルが埼玉県中の神童たちとなり、私は一転して〝凡人〟に転落。それまで田舎でブイブイいわせてきた学力が、なんの強みにもならなくなってしまった。これは、自分自身の能力は同じでも、「市場」が変わると評価が落ちる例だろう。

一方で、「市場を変えることで評価がアップした」という逆のパターンも経験している。大学院を出て、最初の就職先は都内の会計事務所だった。ここで私は「思っていたよりも仕事ができない」という壁にぶち当たることとなる……。

猛勉強したけれど、相変わらず仕事はできない。評価もされない。2年弱頑張ったものの、疲弊して会社を辞めることを決め、自宅から程近い埼玉県内の税理士事務所に転職した。

前の事務所ですっかり自信をなくしていた私だったが、埼玉の小さな税理士事務所では「仕事が割とできる」と、まさかの高評価。埼玉でトップの女子高を卒業していたことも、プラスの評価に加わっていたと思う。東京では効かない学歴も、地元では大いに効く、ということがあるのだ。「環境を変えるだけでこんなに周りの評価も変わるんだ！」と驚いた。

もうお分かりだろうか。**努力してもダメなら、自分を評価してくれそうな「市**

東京→埼玉に「市場」を変えてみた

「顧客」を変えるだけで、自分が変わることなく評価がアップ！

	東京時代	埼玉時代
Customer ＝顧客・市場	・東京の税理士事務所	・埼玉の税理士事務所
Competitor ＝競合	・優秀で仕事ができる同年代の同僚たち＝常に能力を比較される	・若い世代はおらず、年上のベテラン社員のみ＝同じ土俵では比較されない
Company ＝自分	田村麻美	田村麻美
評価	・周囲と比べてパソコンスキルがない ・税務の知識が足りない	・埼玉の名門女子高を卒業した人材が入社してくれた ・若くてこれから伸びそうな人材が来てくれた

場」を探して、居場所を変えてみる。転職という選択肢もあるし、都会から地元に戻ってもいい。自分で考えて行動した結果は、決して「逃げ」ではないと思う。

今日からできるTODO

▼「どう努力しても今の会社では評価されない」など不満が解消されないなら、市場＝自分の周りの環境を変える

▼転職や、就職先があるようなら地元へのUターンも選択肢に

方法 3

「自分の市場価値は刻々と変わる」と心得る

言うは易《やす》し。だけど、いざ実行するとなるとなかなか難しいのが、「自分の市場価値を知る」ことだと思う。**なぜなら、市場価値は常に変動するものだから。**

例えば、あなたが20代でシングルだったら、ある意味、なんの制約もなくがむしゃらに仕事に没頭できるはず。経験や能力不足の部分は、やる気と体力が補ってくれる。徹夜だってもちろんOKだろう。

それが悲しいかな、30代を迎えるとだんだん、日々の疲れが取れにくくなってくる。40代になれば、日常的な運動習慣がない限り、体力は落ちる一方。**年齢と経験を重ねて、効率良く仕事ができるようになったとしても、肝心の体力がなければ、〝プラマイゼロ〟**というわけ。(ちなみに、私は運動好きではないのに、37歳の今、「仕事をする体力」をつけるために週3回のペースで走り込んでいる！）

ライフステージやライフスタイルによっても、あなたの市場価値は大きく変わる。ワーキングマザーなら、子どもが小さいうちは「時短勤務」となる時期があるだろうし、子どもが病気になって保育園に行けない日は、会社を休まなければならないこともある。「お熱が出ましたー！」と保育園から連絡があって、勤務の途中で泣く泣く早退する日だってあるだろう。効率良く仕事するテクニックは上がっているかもしれないが、「仕事に使える時間」だけを考えれば、出産前と比べて圧倒的に少なくなってくる。

体力・能力が低下した自分を過信しない

ここで、体力が低下した私なりの工夫を紹介したい。若い頃は、どうしても「最悪徹夜すればいいや」「明日の朝、早く起きてやろう」と自分の体力を過信して、ギリギリであろうが期限までに仕事を終わらせればいいだろうと考えていた。

確かに、相手からすれば仕事の過程は別にどうでもよくて、どれだけ頑張っていたかなども一切関係ない。期限までに仕事を終えていれば、問題はないのである。

しかし、年齢を重ねるにつれ、体力は低下し、自分でも期限ギリギリに追い込みをかけられるかどうかが分からないのである。実に悲しく切ない。しかし、それが現実である。そして、追い込みがかけられず、期限までに納品が間に合わなかったら……想像するのもたやすいが、仕事の信用は大暴落である。

年齢とともに衰える、自分の体力・能力を過信しない。**ミスをしないように加齢と闘う私は、自分の進捗管理を小まめに行うと同時に、相手の進捗管理も行うようになったのだ。**

例えば、私は税理士という仕事をするに当たり、顧客に資料の提出を求めることがよくある。「〇月〇日までに〇〇の資料をお送りください」というメールをしたとしよう。もちろん顧客のことを考えて、余裕を持った期限の設定である。

すぐに「かしこまりました」と連絡が来たとしよう。その2～3日後には一度メールか電話をして、「先日、ご依頼した資料はありましたか？　ご不明点はありませんでしたか？」と確認をするようにしている。期限当日に資料を送ってもらえないこともあるからだ。そうなると、のちの自分が大変なことになる。徹夜である。

相手の進捗管理でプラス効果も

こうして私は、自分が安心かつスムーズに仕事を行うために、周りのサポートや進捗管理も念入りに行うようになった。「自分の体力低下が原因なのに、相手を急《せ》かして、自分勝手なやつだ」と思う人もいるだろう。確かに、体力が若い頃と変わらなければ、マメな連絡をしようと思っていなかったかもしれない。

しかし、である。ちょこまか連絡ばかりして、相手の時間を奪う迷惑行為をしているようにも見えるが、相手によっては「いつも私のことを考えてくれている」とプラスに捉えてくれる人もいるようだ。「うちの会社にばっかり時間を割かせちゃってごめんなさいね」なんて言われたことがあり、まさかのプラスポイントを獲得できてラッキー！（もちろん、昔に比べてちょこちょこ連絡しやがって、メンドくさいなあと思われていることもあるだろうが……）

仕事は、期限までにきちんと終わらせれば問題はない。過程は関係ない。しかし、その過程を若いとき同様にこなせないなら、現実を受け止め、仕事の仕方を変えなければならない。業務内容にもよるが、体力低下による時間の制約があるのなら、いま一度仕事のやり方を見直す必要がある。

市場価値は、シンプルに「能力」だけでは評価されないこと、つぎ込める時間や自分の体力、外部の環境によって、他者から複合的に見られるもの、刻一刻と変わるものだということを知っておこう。

今日からできるTODO

▼スキルや能力＋体力＋仕事にかけられる時間＝「総合的な市場価値」と知る

▼体力がないなら運動を、時間がないなら効率の良い時間管理術を身に付け、パフォーマンスをアップする

▼自分だけでなく、周囲や取引先のサポートや進捗管理も、同時に行う

方法 4

自分の手に届く国家資格を取る

「評価につながらない努力は単なる〝趣味〟である」。こう言い切ると、「スキルアップしようと日々頑張っているのに！」と、腹を立てる読者もいるだろう。

でも、これってホントのこと。例えば、何か1つ、自信となるものが欲しいと、取得を考えているその資格。実務に役立ちそうか、転職するときにプラスとなりそうか、大金をはたいて資格スクールに通う前に、もう一度よく考えてみてほしい。

私の場合、税理士の資格を取ろうと思ったのは完全に「消去法」だった。

弁護士は？ 自分の偏差値的に無理だな。簿記は？ 取得している人が多いから、差別化が難しいかも。じゃあ税理士は？ うん、1科目ずつ取得できるし、時間をかければイケるかもしれない！　……こんな感じで「世間からの評価が高く、努力したら取れそうな国家資格」が、税理士だったのだ。

おまけに税理士は、顧客と契約することで月に一定額の収入が入ってくる「サブスクモデル」。同じ「士業」でも、1回の相談につきいくら、というスポットの依頼が多い仕事だと、収入が不安定だし、営業も大変だろう。

弁護士のような国家資格を目指す人は、小さな頃から立派な志を持ち、「困った人の力になりたい」など、使命感にあふれるタイプも多い。でも、私は仕事の「やりがい」については、就職活動のときからあまり重要視していなかった。

最優先事項は、結婚や出産などでキャリアが途切れやすい女性であっても「長期的に安定して稼げる」こと。そして、「国家資格」を目指したのは、時間がたっても劣化しない武器が欲しかったからだ。この条件にたまたま当てはまったのが、「税理士」だった。

消去法で選んだ税理士という職業。決して数字に強いタイプでもなかったが、いろいろな業種の顧客と接することができるので、「他の仕事の疑似体験ができる」という部分も面白く、好奇心旺盛な自分には合っていたと思う。また、同じ日本国内でも、業界によって景況感はさまざまだ。小さな範囲ではあるが、その実態を俯《ふ》瞰《かん》して「経済の流れ」を見られることが、大変勉強になっている。

税理士は「お金の計算をするだけ」というイメージがあるかもしれないが、顧客とのコミュニケーションにも多くの時間を割く。若いとき、合コンに行きまくり、初対面の人と話すことにも抵抗がなくなった私には、うってつけの仕事であるような気もしている。

熱く語れる夢や情熱がそれほどなくても、自分に合っている仕事であれば、長く続けられる。一生使える「武器」となりそうな資格は何か、未来を予想しながら考えてみよう。

今日から
できる
TO DO

▼ 資格を取るときは実務に役立つか、流行りすたりがないか、転職の際にプラスになるか、などを冷静にチェック

▼ 難易度を見て手が届きそうなら、社会的信用度が高く、キャリアアップにつながる可能性が高い「国家資格」がおすすめ

方法
5

「期限」を決めてさっさと動く

「ハタチまでに彼氏をつくって処女を捨てる」「30歳までに税理士資格を取得する」「30歳までに結婚する」――これまでの人生、大事な目標は、すべて「期限」を決めてきた。

学生時代は、日本の教育システム通りに、節目節目に訪れる受験を頑張りさえすれば、スムーズに進んでいく。しかし、社会人になると話は別。「自分の人生におけるタスクと期限」を決められるのは、自分しかいない。

数ある選択肢のなかから、迷いなく決断するのは難しい。だからこそ、目標を立てるときは、同時に「期限」も決めておく。**その期限までに達成できないときは、潔くすっぱりと諦める。**いつまでも、ズルズルと未練を持ってしまうのがイヤだからだ。

特に、キャリアに関わる目標を考えるときに、心に留めておきたいのが自分の「市場価値」という視点だ。

私の「30歳までに税理士資格を取得する」という期限にも、ちゃんと理由があった。資格を取っても、すぐに「税理士」として働けるわけではない。通算2年以上の実務経験が必要になる。税理士事務所でイチから修業するにしても、40歳からのスタートだとちょっと厳しい。**同じ「資格取得ホヤホヤ」の新人でも、30歳と40歳とでは「市場価値」が違うだろう。**

29歳で開業したときは、年齢ではなく「お金」が目安となった。 開業資金は200万円。この資金が尽きるようなら事務所を畳んで、他の税理士事務所に転職する。そう決めていた。開業した当時は結婚した直後で、しかも妊娠中だったが、夫にも、この「200万円の資金が尽きるまで」という約束で承諾を得た。

軍資金「200万円」が尽きれば諦める

やろうと思えば、実はどんな人でもできる「起業」だが、実際は社会をよくしたいなどの使命感を持って始めるパターンが多いと感じている。フツーの人間は「こういう世の中になったらいいなあ」と思っていたとしても、自分がそれをやろうとはせず、他力本願で終わることのほうが多い。なぜなら、成功するかどうかは、不確実だから。社会的使命を感じ、さらに自分の能力・経験値・将来性に自信を持っていないと、なかなか起業にはチャレンジできないと思う。

しかし、自分自身を振り返ると、資格を持ってはいたものの、社会的使命に駆られて独立したわけではない。何社も転職して、「勤め人には向かない」ということが分かった。お金を稼ぐ手段として独立をしてみようかな、という安易かつ消去法的な起業だった。

なんともなめた人間である。起業をなめているし、社会的使命もないし、将来の自分にも自信がない。しかし、勤め人が向いていないのだから、独立するより仕方ない。なんというアホな「開き直り起業」なのか。

起業には、自分を「商品」としたギャンブル的な要素がある。**自分に、いくらまでなら賭けられるか。**当時の貯蓄額が200万円だった。さらに借金して大きく賭けることも可能だが、私のような人間に借金をしてまで投資をするなんて……！と、自分自身にそこまで賭ける勇気はなかった。

虎の子である貯蓄の200万円全額を使うことは避けたかったが、この全財産が尽きるまでにひと花咲かせられなければ、「独立にも向いていない」ということだ。きっぱりと諦めて、自分には向いていない勤め人に戻ろうと考えたのである。ズルズル続けても、今度は年齢だけを重ねてしまい、会社員にすら戻れなくなるかもしれないからだ。

ちなみに、「200万円」という金額に根拠はない。腹をくくるために全財産の200万円を賭けただけである。こんな消極的な起業を私はいまだかつて聞いたことがない。
キャリアも生き方も、目標があるときは、自分で考えた「期限」を決めておこう。今やるべきことも明確になるし、合理的に決断でき、さっさと動けるはずだ。

今日からできるTODO

- 仕事もプライベートも、何か目標を決めるときは必ず同時に「期限」を決める
- 「期限」は、「〇歳まで」などの年齢でも、「〇万円まで」など金額を目安にしてもOK
- 期限が来るまでに達成できなければ、潔く諦めてすっぱりと切り替える

方法
6

「石の上にも三年」いなくていい

同僚や後輩から「会社を辞めたい」と相談されたら、あなたはどう答えるだろうか。「もうちょっと頑張ってみなよ」と励ます人が多いのではないか。

私は、あまりにも人間関係がつらかったり、頑張っても評価されないことが続いたりするようなら、すっぱりと今の会社を辞めてしまってもいいのではと思う。

今でこそ悟りを開いたように語ってはいるが、実はそういう私自身が「石の上に三年」いられなかったタイプである。初めて就職した都内の税理士事務所では、仕事ができないという悩みに、埼玉から都内へ向かう満員電車での通勤ストレスが重なり、1年10カ月で退職。（「え？ 満員電車が原因で？」と、驚かないでほしい。私にとっては、本当に心を病みそうなくらいのストレスだったのだ）

26歳、初めての就職先での挫折は、自分でもかなりのショックだった。**「私はダメ人間なのではないか」という焦りと不安が心に渦巻いた。**すぐに転職活動をする気にもなれず、なぜか北海道へ傷心のひとり旅に出た。若さゆえ……という感じだが、約半年間の「人生の休養」で心身共にリフレッシュしたおかげで、次へと進むことができたのだ。

「家から近い職場にしよう」と選んだ転職先は、埼玉県内の小さな税理士事務所。通勤ストレスもなくなり、職場の人たちにも高評価だったのに、私はまた1年で退職することになる。このあたりで「あ、私って組織で働くのに向いていない人間なんだな」と、ようやく気づくことができた。

他人がつくり上げた組織で働くということは、「仕事ができる・できない」というドライな評価だけではなく、好き嫌いという「感情」で評価されてしまうこともあるということだ。「好き嫌い」は仕事には関係ないじゃないかと思うが、経営者だって人間。えこひいきしてしまうことだってあるだろう。理不尽だろうが、つい感情で差をつけてしまうことだってあるのではないか。

会社員時代は「嫌われたら、いつ首を切られてもおかしくない」という不安が常につきまとった。**他人のふんどしで相撲を取る以上、いつまわしを取られても文句を言えないのだが、この不安から逃れるためには、自分で独立するしかないと思ったのである。**自分の特性を客観的に評価した結果、ある意味で「諦めの境地」からの独立開業だったといえる。

1社目を退職した直後は、「もうちょっと頑張れたのではないか」「あのまま事務所にいたら、もっと成長できたのではないか」とクヨクヨすることもあったが、今では**「あのとき、病む前に辞める決断をしてよかったな」**と思えるようになった。同時に、組織で働く経験ができてよかったとも思う。働き方や仕事の向き・不向きはやってみないと分からない。失敗から学べることはたくさんある。

仕事を続けたいなら無理せず、心身の健康が第一。「本格的に病む前の撤退」が大事だと思っている。

今日から
できる
TODO

▼ブラック企業だったり、人間関係がつらかったりして、「無理」になったらガマンしない。心身を壊す前に会社を辞める

▼自分に合った働き方や環境は必ずあるので、落ち込んだり、諦めたりせずに「新しい市場」を探す

方法7 キャリアは「長距離走」の視点で考える

人生100年時代。年金がもらえる年齢はこれからも上がってゆくだろう。そうすると、キャリアを考える上で「今の仕事や働き方のまま、長く続けられるのか？」という視点も重要になってくる。

この本を手に取ってくださったあなたは、きっと自分の仕事に対しても真面目な頑張り屋さんなのだと思う。**そんな頑張り屋さんにアドバイスしたいのは、「短距離走ではなく、長距離走の視点でキャリアを考えてみよう」ということだ。**

仕事に全力で打ち込める、働き盛りの20〜30代。ちょっとしたブラックな環境だったとしても、若さゆえの体力があるので耐えられたりする。でも、目の前の仕事に一生懸命取り組む「頑張り屋さん」のリスクは、「頑張りすぎて、燃え尽きてしまうこと」。「方法6　『石の上にも三年』いなくていい」の項目でも触れたけれど、病む前の戦略的撤退が大事なのだ。

今の会社で妊娠・出産しても働き続けられそうか？　40代や50代になったとき、同じペースで働き続けられるのか？　定年まで仕事を続けたいとしても、そこに自分の居場所はありそうか？　今の会社を辞めるとしたら、転職はできそうか？　一度、「長距離走」の視点で自分に問いかけてみてほしい。

本業とは別の収入源を模索する

長く続けられる働き方を考える上でもうひとつ、重要なことは「自分の仕事は、未来にどうなっているのか？」を予測してみることだ。

例えば、私の職である税理士の業務は、AIの進化によって大きな影響を受けるだろう。高度な税務相談は人間がするかもしれないが、私がメインで抱えているような小規模なクライアントの仕事は減っていくことになるかもしれない（ヤバい）。

顧問料を下げることになるかもしれない。今から最悪のシナリオを予想しておけば、早めに対策を練ることができるのだ。

日本人は真面目だから、1つの会社や同じような業種で頑張り続けなければと考える人が多い。しかし、人生は長い。もし今の仕事ができなくなってもつぶしが利くように、別の収入源を考えておくことも、長期的なキャリア構築として必要かもしれない。**みんな、やたらと生命保険には入るのだから、「仕事の保険」をかけておいてもいいのではないか。**

私はそもそも飽きっぽい人間である。資格を取ったものの、それを一生続ける気力が自分にあるのか。続ける気ではあるが、続けられるかどうか正直分からない。頑張って取得した資格で働けなくなる可能性が1％でもあるならば、資格だけに頼るのは不安でしかない。「この仕事がなくなったら私はどうすればいいのか。生きていけないのではないか」という不安を打ち消すため、執筆の仕事に少しでもつながるよう、ブログでコツコツと文章修業を続けた。

今、執筆の収入で食えるかといったら全く食えないが、**「税理士以外にも収入源がある」ことは心の安定になっている。**「職業の保険」をつくっているのだ。

1つの仕事を深掘りして、確固たるキャリアをつくれたら、それが一番の理想なのかもしれない。**一方で、長い人生、どうなるか分からないからこそ、広く浅く、複数の収入源をつくっておくのもひとつの考え方なのではないか。**自分に自信がない弱気な人間の〝逃げのキャリア構築〟として、こんな考えはいかがでしょうか。

今日から
できる
TODO

▼今の職場で結婚・出産などライフイベントの変化があっても働き続けられるかどうか、考えてみる

▼「年を取っても長く続けられるかどうか」という視点で、今の仕事以外に稼げる方法がないか模索してみる

方法 8

不況のときこそ、普段より頑張ってみる

「仕事でずっと頑張り続ける」のは正直、シンドイ。長く仕事を続けたい人にとっても、現実的じゃない。燃え尽きないためにも、ここぞ！という「頑張りどころ」を見極めることをおすすめしたい。

じゃあ、その「頑張りどころ」って、一体いつなんだろう？　人によっては、「自分の時間を100％自分のために使えるシングル時代」が当てはまるかもしれないし、「仕事で思わぬチャンスをもらったとき」がそうだという人もいる。いろんな「頑張りどころ」があるけれど、**どんな人にとっても大事なのは、社会や経済など「外部環境」の変化を意識して、仕事することだ。**

最近の大きな環境変化といえば、やはりコロナ禍。2020年は、世界的にも経済

が冷え込んだ。実際に、勤務先の業績の悪化でボーナスや給与がカットされてがっかりしたり、社内でリストラが始まってドキドキしたりした人もいるだろう。

直接の影響はなくても、お気に入りの飲食店の閉店や、あの有名企業がオシャレな自社ビルをついに売却した！　などのニュースを見ると、日本経済の今後はどうなる⁉　と心配になるはず。他にも、リモートワークが浸透したり、これまで「絶対に必要」だったハンコがいらなくなったり……働き方だって激変した。

私は、経済環境が悪化して社会が大きく変化するようなタイミングが、「仕事の頑張りどころ」だと思っている。税理士として開業して8年。ここ数年は子育てなどの時間的制約もあり、あえて顧問先を増やさずにいたけれど、2020年度はご依頼があれば、「ハイ！喜んで！」と二つ返事で受けるように心がけた。

自分がやりたいときにやりたい仕事が降ってくるほど、人生は甘くない。どんなに楽観的であっても、この先、経済は不安定になると思っている人がほとんどであろう。不況のあおりで、もしも今の仕事がなくなったら……とリアルに想像するわけである。

人がやりたがらない仕事も引き受けてみる

私は仕事大好き人間ではない。できれば、毎日、遊んで暮らしたいと思っているような〝ポンコツ人間〟である。願望はさておき、生きていく上でお金が必要なのは百も承知。なので、食うために働いている。

本質がポンコツなので、自分の時間もつくれるくらいの心地いい仕事量で、ここ数年は生きていた。**自分のキャパを超えそうな依頼は断る、という一見偉そうな仕事ぶりである。**売り上げが増えたとしても仕事の質が落ちるのは嫌だし、自分の時間も大事にしたいという理由からの「自分なりのルール」であった。（この基本ルールについては「方法17　自分を『キャパオーバー』にしない」を参照されたし）

しかしコロナ禍によって、近年まれに見る緊急事態が起きている。実体経済が不安定になれば、税理士としての売り上げにも直結する。売り上げが減ったとき、うまい具合に新たな仕事が降ってくるかって？　いやいや、むしろネガティブ発想しかしない私としては、そんなに都合良く仕事が降ってくるほど、人生は甘くないと思っている。

そして、売り上げが減る可能性があることを前提にした結果、「お声掛けいただいたときには二つ返事で引き受ける」という、しごく当たり前の思考になっている。つまり今、ポンコツ人間である私が、大切な自分の時間を削ってまで仕事に励んでいる。将来に不安を感じているので、仕方ないことだと割り切っているのだ。自分の時間が減ることによる疲労感はあるが、将来への不安は減り、精神的には健康を維持できている。これをいいことだと捉えるかどうかは、人それぞれだろうが。

好景気のときは、のほほんと働いたっていい。**でも、景気が下向きになって会社の業績が悪化するような〝ピンチ〟にこそ、皆がやりたがらない面倒な仕事や、普段は受けないような案件に、思い切って挑戦してみよう。**厳しい環境のときこそ、ぐっと踏ん張る姿を見せることが、あなたの評価にきっとつながる。

今日から
できる
TO DO

▼世界や日本経済の動向、社会情勢、自分が働く業界や会社の業績にアンテナを立てる

▼景気が下向きのときこそが頑張りどき。新しい仕事やこれまで避けていた仕事にチャレンジする

働く女性たちに聞いた

私の武器になった「仕事力」①

資格＆スキル編

※アンケートは2021年6月、日経WOMAN公式サイトで実施。

日経WOMANの読者アンケートに寄せられた、「自分のスキルが仕事上で武器になった」経験をご紹介します。

▼経理職に就いた後、簿記3級を取り、中小企業組合士も取得して、給与アップしました。（35歳・東京都・正社員・放送／映像・総務）

▼MOS、秘書検定の資格のおかげで、派遣社員の仕事を切れ目なく紹介してもらえます。（49歳・島根県・派遣社員・社会奉仕団体・一般事務）

▼不登校の生徒に関わったときに、カウンセラーの資格を生かして接した結果、生徒が登校するようになりました。（35歳・青森県・正社員・教育・教師）

▼宅地建物取引士を取得していたおかげで、20代前半でもお客様に信用していただけました。結果、営業職で何度か、課内ナンバーワン売り上げを獲得しました。（38歳・東京都・正社員・不動産・フロント）

▼福祉の仕事に必要な資格を取得し、丁寧に仕事を続けた結果、地域でもそれなりに信頼していただけていると感じます。整理収納アドバイザー、生前整理アドバイザーやFPなども取得しているので、高齢者の暮らし全般をアセスメントできるのも強みだと思います。（46歳・大阪府・正社員・福祉／介護・ケアマネジャー）

▼社労士の資格を持っているため、法律の解釈などで苦手意識はないと思います。また、この資格で手当が出るため、さらにプロになりたいという向上心が持てます。（42歳・東京都・正社員・企業年金基金・一般事務）

▼HP作成やCMS（コンテンツ管理システム）のスキルがあったので、社内サイトの立ち上げや、自社HPリニューアルのプロジェクトに携われました。今はウェブ学習やGoogleアナリティクスの資格を取ったりして、企業広告の企画などを担当。社内の業務提案を提出し、表彰を受

け、一定の評価をいただくことができています。（42歳・石川県・正社員・医薬品メーカー・営業事務）

▼CFPを取っていたおかげで、数字を追うただの営業でなく、コンサルティングセールスができていたと思います。（58歳・東京都・正社員・証券・営業）

▼TOEICのスコアが600点を超えていたことは、派遣社員としての最初の採用（15年前）と、その後の直接雇用（10年前）につながったと思います。（43歳・愛知県・正社員・自動車メーカー・一般事務）

▼税理士事務所で2年働いた経験と、日商簿記1級と税理士試験の簿記論・財務諸表論・消費税法合格で、今の外資系企業の経理の仕事に就けました。英語は入社後に、英文会計のBATIC（Accountant Level）と英検2級まで合格。英会話教室に2年間通った後、時々オンライン英会話をやっています。今は英語でメールができればOKですが、コロナ禍収束後に海外から人が来るのに備えて、英会話をもっと頑張ろうと思います。（35歳・神奈川県・正社員・化学メーカー・経理）

▼エクセルやツールを使うのが比較的得意なほうなので、その知識を生かして、会社に導入するツールの提案などをしています。その経験が生きて専門職になれました。（45歳・東京都・正社員・エンターテインメント・開発）

▼ファシリテーターのトレーニングをして、いくつかのセッションを企画・運営をしたことで新規事業創出プロジェクトに参加できました。（47歳・兵庫県・正社員・化学メーカー・企画）

▼資格を持っているからといって、昇格や手当がある職場ではありません。ただ幼い頃からコミュニケーションが苦手、引っ込み思案で内気な性格が劣等感で、大学は心理学専攻に進みました。社会人になってからもコミュニケーション講座やコーチングなどの勉強を続けた結果、この年代になって、過去には劣等感だった性格や振る舞いが役に立っています。（49歳・神奈川県・正社員・福祉／介護・ケアマネジャー）

▼とにかくエクセルが得意です。このスキルのおかげで給料が上がりました。（36歳・海外在住・正社員・会計・財務）

▼小規模の外資系企業にいたときは、いわゆる英語力で欧州の本社とやり

取りする役割を振られたことも。今はフリーランスになって、英語力と読解力、文章力を生かせる翻訳業をしています。少しずつ経験を積み、依頼してくれる先が複数できてくると、仕事を選べるようになり、やりたくない仕事はしなくてもよくなりました。（46歳・神奈川県・フリーランス・マスコミ・翻訳）

▼宅地建物取引士資格を持っているので、会社を退職後も資格でつながる同僚や上司がいました。今は、勤めている会社の専任取引主任者になっています。（52歳・東京都・正社員・不動産・営業事務）

▼データを取り扱う仕事に就いた際、データの正確性、その維持、作業の時短、エクセル関数の種類を学びました。その後もその方面の知識を積極的に収集し、使用しているので、関数が「使える」と言えるようなスキルになりました。（39歳・愛知県・派遣社員・商社・営業事務）

▼転職の際、「40歳以下希望」という募集条件から外れていたものの、英語力と輸出入に関する知識で面接を受けさせてもらい、採用されました。（46歳・和歌山県・派遣社員・商社・営業事務）

▼AEAJアロマセラピストは見かけよりずっと難しい資格ですが、今後は癒やしが大切な時代と思い、それまでの仕事から思い切って切り替えて取得。ビジネスローン審査に通って地中海風の家を手に入れ、いらっしゃる方にはとても感謝され、命に関わる病気と向き合っている方にも頼っていただき、やりがいはあります。（52歳・静岡県・フリーランス・アロマセラピーカウンセラー）

▼社会福祉士と精神保健福祉士の両方の資格を持ち、大学院も出て、現場で働いていた経験もあるので、転職がしやすかったです。（43歳・神奈川県・公務員・教育・スクールソーシャルワーカー）

▼博士号を取得しており、研究を立案・実施した経験や学んできた内容・まとめる能力が、間接的に今の業務遂行の助けとなっています。現職の採用のきっかけとなっただけでなく、業務をする上でも顧客ニーズの把握や、顧客からの信頼につながりやすく、得てきた知識は社内での教育訓練にも役立っています。（44歳・京都府・正社員・医薬品メーカー・開発）

第2章

自分の「弱点」を最小化する

方法
9

「メジャー」がダメなら「ニッチ」で勝負する

頑張っているけれど、なかなか仕事の芽が出ない……そんなあなたが勝負している場所は、競争者であふれる血みどろの「レッドオーシャン」ではなかろうか。第1章で「評価されないときは、思い切って市場（会社や環境）を変えてみよう」と提案したが、「メジャーではなく、あえてニッチなところで勝負する」というのも、ひとつの方法である。

私の税理士事務所は東京・足立区にある。なぜ足立区で開業したか？ **それは足立区が税理士業界においての「ブルーオーシャン」だと当時、私は考えたからだ。**

東京で税理士事務所を開業する、というと思い浮かぶエリアは千代田区や港区。しかし、私はそんなに競争者が多い地域で開業する気はさらさらなかった。ブランドエリアで開業するエリート税理士たちに、太刀打ちできるような自信ももちろんなかった。

当時から足立区に住んでいたのだが、試しに「足立区　税理士」で検索してみたところ、とても少ない。「足立区　女性税理士」で検索すると、さらに数が減った。しかも、足立区にはいわゆる大企業は少ないが、私がクライアントとして思い描いていた中小企業や商店はたくさんある。「ここだ」と確信した。

開業して1年後に出産。子どもが保育園に入り、そろそろ本腰を入れて集客したいと思い、事務所のホームページを作ることにした。

サイトトップに打ち出したキャッチフレーズは、ズバリ「足立区の気さくな女性税理士」。税理士事務所のサイトはどこも同じようなものが多いのだけれど（真面目な表情の写真とプロフィール、料金表）、笑顔でポージングした写真を大きく使ってレイアウトし、文章もノリが良く面白いものを自分で書いた。一般的な「税理士像」とはかけ離れたものだったが、結果として、このホームページが新規の顧客を集めることにつながった。

集客に貢献したのももちろんだが、顧客とのミスマッチを防げたのも、よかったことのひとつだ。**このホームページを見て、問い合わせをくれるのは、ノリが良くてコミュニケーション力のあるクライアントが多かった。**「こんなホームページの事務所は信用できない」「キャリアがある税理士にお願いしたい」という人は、絶対に連絡してこないのである。一見、ふざけたホームページは、私がターゲットとする中小企業や個人のお客さんと出会える格好の窓口となった。

「メジャー」で結果が出ないときは「ニッチ」で勝負。仕事の内容ややり方、どんなことでもいい。成果が出せそうな、あなたにとっての「ニッチ」は何か、一度考えてみよう。

「足立区の気さくな女性税理士」がキャッチフレーズのふざけたホームページで、狙ったターゲットの集客に成功。（現在は税理士法人化して社名も変えたため、別のデザインに変更）

今日から
できる
TODO

▼ 仕事に関わる「得意」と「不得意」を、一度ノートに書き出してみる

▼ 「得意」のなかでも、皆ができる「メジャー」なことではなく、「ニッチ」なことが自分の個性であり、強みになると心得る

方法 10

「苦手」と思うこともとりあえずやってみる

第1章では、「仕事でしんどいと思ったら、病む前の撤退が大事」と繰り返しアドバイスした。**しかし、ファーストインプレッションで「自分には向いていない」「苦手かも」「興味がない」と思う分野について、「とりあえず、一度は頑張ってみる」ことは、経験上強くおすすめしたい。**

私の場合、それは「ブログ」と「パワーポイント」だった。埼玉の税理士事務所に転職して、上司から言われて驚いたのが「これから毎日、個人ブログを書きなさい」という一言。「え、税理士事務所なのになぜ……？」と尋ねたら、「これからは税理士といえども、発信の時代！」と、分かるような、分からないような答えが返ってきた。

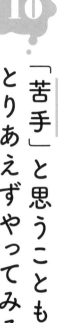

上司から受けた謎のトレーニングが〝メシの種〟に

正直、私は頭を抱えた。昔から作文が大のニガテだったのだ。しかも、税理士という仕事に直接関係ないではないか。それでも上司からの指示だったので、面倒だと思いながらも、毎日せっせと書き続けた。不思議なことにブログを続けるうちに、自分の考えや気持ちを表現するのが、だんだん楽しくなってきた。その延長線上で、自分が開業したときに作った事務所のホームページにも、ブログを載せることにしたのだった。

結果、ブログを読んで面白いと思ってくれた編集者から声が掛かり、私は初めての著書である『ブスのマーケティング戦略』を出版することとなる。これまで苦手であった文章が、イヤイヤながらのブログ修業の末、〝メシの種〟へと華麗に変化したのだ。

パワーポイントの操作も、コンサルティング会社出身の上司から、「覚えたほうがいい」と勧められたもののひとつ。上司が作ったパワポ資料と同じものを、操作方法をググりながら作るという謎の特訓を受けた。

これも、勤めていた当時は「必要ないのに〜」と不満だったが、独立した後にとても役立っている。セミナーや講演などでパワポを作る機会があるたびに、「あのとき、やっておいてよかった！」としみじみ思う。**「会社でトレーニングしてもらえて、お給料ももらえるなんてラッキーだったな」**と今では思うほどだ。

飲み会も目的を決めれば生産的に

初対面の人と会話をしなければならない、仕事絡みの飲み会。お酒を飲みながら会話をするだけの時間が、ムダのように感じる人もいるだろう。初対面の人との会話が盛り上がらず、非常につらいこともある。緊張するし、目線を合わせることすら恥ずかしい。

あるとき、そんな相手と何を話せば盛り上がるのか、飲み会の場で自然に思考の訓練をしていることに気づいた。相手によって、対応を柔軟に変えていくことも学んだ。**話し好きなタイプであれば、とにかく「傾聴」すればいいし、無口なタイプであれば、相手が発した単語をキャッチして、ひたすら質問していくのだ。**数々の飲み会に参加することで、コミュニケーションの相手によって、対応の仕方を柔軟に切り替えるワザを得ることができた。

これがどう仕事に生かされたか。

営業職でもなければ、「会話力・傾聴力・場を読む力」なんて関係ないと思っている人もいるだろう。私自身も「営業」を避けたいがために、資格を取得したというところがある。でも、**独立したら仕事を得るためには自分で営業しなければならないし、運良く受注した後も顧客とコミュニケーションを取り続けなければならないのである。会社員であっても、社内でコミュニケーションをうまく取らなければ、仕事は成り立たない。**

私は数多くの飲み会に参加してきた。飲み会の多くは、恋愛・結婚のための出会い、つまり合コンが主だったが、数をこなしたことにより、少しずつ会話力・傾聴力が磨かれていった。これが現在、仕事でも非常に生きていると感じている。

飲み会は面倒、非生産的と思うこともあるだろうが、**その飲み会で何を学びとして持ち帰るか、目標を設定して参加すれば飲み会の位置づけも変わるのではないだろうか。**時間は有限。無理やり誘われた飲み会だったとしても、「この飲み会では今後の仕事を円滑に進めるために、○○さんと距離を縮めよう」「最低でも5回は笑わせる！」など、数値目標を設定していけば、終わった後に達成感すら感じるはずだ。

仕事をする上で、「100%無意味」なことはきっとない。「苦手だな」「無駄かも」と今は思うような仕事や作業だって、将来の自分にとってはすごく役立つかもしれない。

今日から
できる
TODO

- 苦手と思い込んでいることも、一度挑戦してみる。意外な自分の才能に気づくことがある
- しんどい業務や予期せぬ異動も、「いつかキャリアの糧になる」と、プラスに捉える
- 「会社の飲み会はムダ……」と思っているタイプなら、自分なりの目標を設定して参加する

方法 11

「稼げる軸」を複数持てるようにする

私の本業は税理士だが、収入のもうひとつの柱は「文章を書くこと」だ。初めての著書『ブスのマーケティング戦略』（この項では以下『ブスマ』）の出版をきっかけに、エッセイやコラムなど執筆の仕事が舞い込むようになった。大変ありがたいことである。

娘が2歳のときに、意を決して早稲田大学ビジネススクールに入学。税理士業務の傍ら、経営管理修士（MBA）を取得した。その結果、「ワーキングマザー」や「社会人のMBA取得」といったテーマでメディアから取材を受けたり、講演やセミナーを依頼されたりする機会が増えた。

自分のキャリアに役立つ「武器」は多いほどいい。私は、「稼げるルート」を複

数持っておくことが、これからの時代には大事だと思っている。

早稲田大学ビジネススクール時代の恩師である入山章栄教授によると、これからの組織で活躍できる人材は、「H型人材」だそうだ。1つの専門分野に特化する「I型」ではなく、専門分野を2つ以上持てるのが「H型人材」の特徴である。

本業以外の「軸」は、自分の得意なことや、やりたいことならなんでもいいと思う。私の得意ジャンルが「スイーツ作り」だったとしたら、平日は税理士、週末は手作りスイーツの販売をしていたかもしれない（！）。たまたま、書くことが好きだったから、「本」という形で実現したというだけだ。ただし、大事なポイントは**「収入につながるかどうか」という視点。もしもお金にならないようなら、それは単なる「趣味」である。**

「なかなか見ないテーマ」のブログが編集者の目に留まる

最初に「私の文章って、もしかしたらお金になるかも」と気づいたのは、開業して毎日のように事務所ブログを更新していた時期だった。アフィリエイト収入は月2万〜3万円。税理士業務以外の副収入としてこれが月5万円くらいになるとうれしいな〜という欲から、アクセス数を上げるためにブログのテーマを試行錯誤した。

最初はしごく真面目に税務関連の話題を載せていたのだが、「北千住の飲み屋紹介」などの面白記事のほうが人気だと気づき、いつしかさまざまなテーマで書くようになった。そんななかで、「本を出版しないか」と声を掛けられるきっかけとなったのが、「自営業の妊娠・出産体験記」というブログ記事だった。

事務所の開業と妊娠がほぼ同時期だった私は、産後の復帰時期や仕事の進め方をどうすればいいか、とても悩んでいた。何しろ、会社員のように産休・育休制度がないのだから、休業している期間は「無給」となってしまう。ネットを検索してみても、先輩自営業ママの経験談や、使える情報が全くヒットしない。

「産後1カ月は安静に」ということは重々承知していたものの、産後の肥立ちも悪くなかったため、出産の1週間後から徐々に仕事を再開することに決めた。**「妊娠・**

出産体験記」は、同志である自営業ワーキングママたちに少しでも役立ててもらおうと、自分の妊娠・出産のありのままの過程と本音をつづった内容だった。その結果、「なかなか見ない面白いテーマ」ということで、『ブスマ』の担当編集さんの目に留まったのだ。

副業をするには本業の安定が肝心

また、「稼げる軸」を探すときのもうひとつの注意点は、「本業」をおろそかにしないことだ。税理士という確固たる「本業」が安定した時期だったからこそ、『ブスマ』のような今までにない面白ジャンルの本が書けたということは言っておきたい。もし、税理士としての収入が不安定なら、リスクを恐れてもっと真面目なテーマで本を書いていただろう。

自分の支えとなる太い仕事軸が1本あるからこそ、リスクを取って「やりたいこと」に挑戦できる。「やりたいこと」や「得意なこと」が、副収入につながるかどうか、一度チャレンジしてみてはいかがだろうか。

ちなみに、私がかねてより「推し」ているのは、星野源さん。男くさくないという点で異性としてタイプであるだけでなく、ミュージシャン、俳優、文筆業……と、多彩な分野で活躍している部分に憧れるのだ。過去に大病を患ったことを帳消しにしてしまうほどの、抜群の収入分散。今後、なんらかの理由で一時的に役者の仕事ができなくなったとしても、執筆活動なら続けられるかもしれないし、音楽の印税も入るはず……。（などと、勝手な妄想をしてしまう）

そんな星野源さんがついに結婚を発表され、〝源ロス〟に陥ったことは言うまでもない。一方で、「パートナーの収入を当てにするのではなく、自分の『稼げる軸』を分散して、収入のポートフォリオを安定させること」への意欲を新たにしている。

今日から
できる
TODO

▼本業以外に「稼げること」はないか、副業を考えるときは好きなことや得意なことから探ってみる

▼金額は少しでもいいから、「副収入」となることが大事。収入ゼロの場合も、まずは趣味として始めてみる

方法 12

「興味」の引き出しをたくさんつくる

稼ぐルートを複数持っておくことがなぜ今後は重要になるのかというと、「長く働き続けられる」ことにつながるからだ。

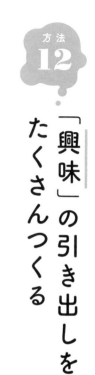

改正された「高年齢者雇用安定法」が2021年4月に施行され、「70歳までの就業機会確保」が企業の努力義務となった。「人生100年時代」を生きるシニアたちを見ると、確かに今の60代は若々しく、気力も体力も十分だ。**しかし、自分が60代になったときに果たして今と同じ仕事を続けられるのか、不安になる人も多いのではないか。**

例えば、アパレル販売の仕事をしているとしよう。20代向けのブランドで働くのは、今の自分にはぴったりだが、30代になればブランドイメージとそぐわなくなってくるかもしれない。結婚や出産というライフイベントを乗り越えられるだろうか。販売のプロフェッショナルとして仕事をずっと続けるにしても、シニアになったときに「立ち仕事」ができそうか……など、今の仕事を長く続けられるかどうか想像してみるといい。

「ずっと販売を続けるという未来が、どうにも想像できない」なら、現場から本社への異動のほか、転職を含めた別のキャリアルートなども、若いうちから考えておこう。仕事を長く続けるための「武器」や、できることの選択肢は多いほどいい。

稼ぐルートを複数持つためのコツは、興味を持ったことがあれば、悩まずにどんどんチャレンジしてみることだ。

安定収入を得るための「本業」は別として、**第2、第3の「収入の軸」には、好きなことや、やりたいことを充てるのが望ましい。**料理が得意であれば、レシピブログやインスタグラムで投稿を始めてみる。文章を書くのが好きであれば、ランサーズやクラウドワークスなどを通して、自分の得意分野のライター仕事を探してみる……など、始められることはたくさんあるはず。続けるうちに、「副業」として収入を得られるようになっていれば儲《もう》けものだ。

フットワークを軽くして、興味のあることがあれば即行動。自分に合わなければやめればいい。気軽に「興味」の引き出しを増やしていこう。

今日からできる TODO

▼趣味もスキルアップも人付き合いも、興味があるときは「即行動」する癖をつける

▼合わないなと思ったら撤退すればいいので、始めるときは悩まない

▼興味の引き出しを増やせば、知識のアンテナや人との出会いも増える

方法 13

「俗っぽい欲望」をエネルギーにする

人にはオモテの夢とウラの欲望、両方があると思う。心のウラ側にあるけれど、人に言うにはちょっと恥ずかしいような「欲望」。あなたは持っているだろうか。

私の場合、**若い頃は「イイ男とやりたい」「30歳までに結婚したい」「一生稼げる仕事がしたい」。税理士資格を取ってからは「我慢せず好きなことをして暮らしたい」「年収1000万円は稼ぎたい」**。そう、すがすがしいほどストレートで幼稚な欲望を隠し持っていた！

好きな言葉は「猪突猛進」。紆余《うよ》曲折はあったけれど、この言葉の通り、目標に向かってとにかく突っ走ってきた。でも迷ったり、しんどくなったりすることも、しょっちゅうあった。

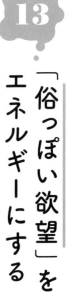

大学2年から税理士資格の勉強を始めたが、3年のときに受験した結果は不合格。在学中に受かる気がしなかったので、就活をやめて大学院に進学し、資格の勉強を続けることにした。

私よりも一足早く、社会人となった同世代の友人たちと飲みに行ったときは、心底落ち込んだものだ。仕事を始めてピカピカと輝くような同級生たちと比べ、まだ何者でもない自分。食事が終わり、「田村はまだ働いていないんだから、おごってあげるね」という友人たちの親切な言葉が、胸にグサッと突き刺さった。

1000万円稼いで同級生たちにオゴる！

「30歳までに税理士資格を取得する」と期限は決めていたものの、「資格は諦めて、普通に就活するほうがいいのかもしれない」と迷いが生まれた。

そんなとき、私を支えてくれたのが「俗っぽい欲望」だった。

「お前が本当に欲しているものはなんだった?」「自分で年収1000万円稼ぐことだろ!」「いつか仕事で成功して、めちゃめちゃ稼いで、同級生たちにおごりまくってやる!」。心のなかで問答を繰り返し、なんとか心を奮い立たせて、頑張ってきたのだ(ちなみに、学生時代に勉強を頑張ることができたのは、「10代のあふれんばかりの性欲」を原動力に、「優秀な男と出会うために学歴を高くする」という目標を掲げたおかげである)。今のところ、ほぼすべての「欲望」が達成できていてうれしい。

キャリアや人生に迷ったり、心が折れそうになったりしたときは、いったん本能レベルの欲望に忠実になってみよう。「あいつを見返したい!」「仕事で稼いでお金持ちになりたい!」「出世したい!」「今の彼氏と結婚したい!」「有名になりたい!」……なんだっていい。どんなにアホっぽくても構わないし、スケールの大小も関係ない。人に言う必要はないのだから、とことん自分に正直になってみるのがコツだ。

失敗するのが怖いときは、自分の原点に一度返って「ナマの欲望」を思い出してみるといい。その本能がエネルギーとなり、一歩踏み出すことにつながる。

今日からできる TO DO

▼ 仕事やプライベートでの選択に迷いが生まれたら、いったん「本能レベルの欲望」という原点に立ち返ってみる

▼ 嫉妬心や欲望など負の感情をうまくエネルギーにして、自分の原動力にする

方法
14

間違ったプライドは捨てる

はっきり言って、昔から「こだわり」や「プライド」がない。だから、オリエンタルラジオの藤森慎吾さんの著書『PRIDELESS（プライドレス）受け入れるが正解』（徳間書店）を読んだとき、思わず「同じタイプだ！」とひざを打った。「こだわらない、逆らわない、競わない、あきらめない、チャラ男がたどり着いた現在地」……この生き方、まさに私の処世術と同じだったからだ。

「自己評価ゼロ」だから恥ずかしげもなく頑張れる

昔から、自分に自信がなかった。税理士試験に合格してもそれは拭えず、税理士事務所に就職したときは、仕事ができなくて毎日のようにへこみ、自分の能力不足を突きつけられた。『ブスのマーケティング戦略』を出版したときに、「なんでそんなに、客観的に自分を見られるんですか?」と聞かれたけれど、**何をするにしても「ゼロ評価」からのスタートだということを意識して生きてきたので、ヘンなプライドが生まれることがなかったのだ。**

学生時代に「ハタチまでに彼氏をつくって、処女を捨てる」という目標に向かって、励んだ合コンの回数は延べ100回。これも「努力なしでは人には選ばれない。自分から動かないと出会いも生まれない」という、〝ゼロ評価〟からのがむしゃらな行動だった。

学歴も難関資格も、ダイレクトに仕事の評価につながるとは限らない。評価する人は常に自分以外の他者であり、自分の「市場価値」は他人がつくる。自己評価とミスマッチになることも少なくない。

そう考えると、学生時代に成績が良く、自分に自信がある人ほど、社会に出たときに苦しむことがあるかもしれない。**大手企業から中小企業に転職したり、独立開業したりするときに邪魔になるのも、この「プライド」だ。**

「上から目線」は誰もトクしない

私の仕事である「税理士」を例に考えてみよう。大手の税理士事務所から、満を持して独立開業したのに、なかなか新たな顧問先が増えない。キャリアとしては十分なのに……これは、完全に自分の評価をはき違えているパターンだ。

以前の事務所は大企業がクライアントだったかもしれない。でも個人で事務所を開いた今、中小企業の割合も多くなるだろう。対・大企業の姿勢のままでは絶対にうまくいかない。「大手税理士事務所勤務」は、もう過去のものなのだから。

ちなみに、独立開業時に必要なのは、ヘタなプライドよりもコミュニケーション力。税務署からの指摘がないよう、経費チェックなどをしていると、つい顧客を問い詰めるような高圧的な言い方になりがちだ。しかし、たとえ「この経費はNG」という結論だったとしても、「どういった経緯で使われたんでしょう？」と優しく尋ねるワンクッションがあるだけで、クライアントの印象は大きく違ってくる。

〝上からのもの言い〟が、顧客を逃してしまうことだってある。開業したばかりの頃、解約となってしまった顧問先があった。当時ペーペーだった私は、なめられたくない一心で顧客に対して柔軟なコミュニケーションができず、年配の社長の反感を買ってしまったのだ。

税理士は、「センセイ」と呼ばれることもある職業だけれど、その立場にあぐらをかいて〝上から目線〟のアドバイスになっていないか？　顧客の心にきちんと寄り添えているか？　プライドよりも、顧客への共感とコミュニケーションを大切にしたいと思っている。

今日から
できる
TODO

▼同僚や後輩、取引先に対して「上から目線」になっていないか、振る舞いや言動に気を付ける

▼転職して新しい職場に移ったり、初めての仕事に挑戦したりするときほど、周囲には謙虚な姿勢で対応

▼クレームや間違いの指摘の際に高圧的にならないよう注意。表現や口調、声のトーンで印象を和らげる

方法 15

コンプレックスと真正面から向き合う

人間誰しもが悩まされるコンプレックス。どんなに完璧そうに見える人でも、1つ、2つは必ずあるはずだ。「コンプレックスをバネにする」なんて使い古された言葉かもしれないが、実際に積年のモヤモヤに向き合い、1つずつ解消していくことで、ぐっと自分自身が成長できるのである。

これまでの人生、コンプレックスからは目をそらさず、むしろがっぷり四つに取り組んできたほうだと思う。小学生時代からの容姿のコンプレックスについては、冷静に自己を見つめ、戦略的に自分をマーケティングすることで、恋人を見つけ、結婚して子どもも授かった。さらに、拙著『ブスのマーケティング戦略』にありのままの奮闘をさらけ出したことで、完全に昇華されたといえよう。「組織で仕事ができない」というコンプレックスは、紆余曲折あったものの、最終的には独立開業することで乗り越えた。

税理士事務所を開業して、ぼちぼち軌道に乗り始めていた33歳。子どもを寝かしつけながら、これまでを振り返っていた。「好きな人と結婚もできた。かわいい子どもも授かった。仕事も今のところ順調。他に何か心残りはあったかな……」。そんなとき、ふと頭に思い浮かんだのが、「早稲田大学」だった。

そう、本当は早稲田大学に行きたかったのだ。しかし、当時頭のいい高校の同級生たちに囲まれていた私は自分に自信が持てず、別の志望校にしたのだった。**このままだと死に際に「早稲田に行きたかった……」と、きっと後悔することだろう。**夫の「チャレンジしてみたらいいじゃない」という言葉も背中を押してくれた。

また、税理士業の顧客は起業したばかりのスタートアップ企業が多く、経営のアドバイスを求められることも多くなっていた。**MBAを取得して経営に関する専門的な知識を身に付けられれば、仕事をする上での「武器」も増える。**私は早稲田大学大学院経営管理研究科（早稲田大学ビジネススクール）を受験することにした。

夫のサポートで念願の早稲田へ

受験を思いついたのは12月。入試本番は1カ月後の1月である。こんな付け焼き刃でよく受かったな！ と思うのだが、入試の内容は小論文と面接。**それまでブログで文章修業をしていたおかげで、大学院に無事合格することができたのではないかと推察している。本当に人生、何が役に立つか分からない。**

高校時代からの憧れがかなってうれしかったのだけれど、入学してからは過酷だった。早稲田のMBAコースには全日制と夜間のコースがあり、社会人は夜間コースを選ぶ人が多いのだが、平日も自分の裁量で仕事ができる私が選んだのは全日制のコース。週3回、午前中2コマといったペースで税理士業と両立することにした。

午後は本業に充てようと思っていたが、思いの外にグループワークが多く、午前中は授業、午後はグループワークの打ち合わせというパターンも多かった。当時、子どもは2歳。夕方に慌てて保育園へ迎えに行き、夫が仕事から帰ってきたら子どもの世話をバトンタッチ。事務所に行き、昼間できなかった仕事を夜にする……という生活を2年続けた。家族の協力がなければ絶対に続けられなかっただろう。夫よ、本当にありがとう……！

大学院生活は大変だったが、めちゃくちゃ楽しかった。優秀な同級生たちや教授と話していると、自分の視野が広がっていくことをダイレクトに感じられた。**2年後、無事にMBAを取得した私から、積年の「早稲田コンプレックス」はきれいさっぱり消え去り、後に残ったのは「やり遂げた！」という達成感と自信だった。**（他に「死ぬまでに成就したいこと」といえば、もう「星野源さんに会う」ことくらいかもしれない）

夫という強力なサポーターがいたおかげでもあるが、**「子どもが生まれたら、母親は自分のことは後回しにしなければいけない」という世間一般の風潮にも一石を投じられたのではないか**、と思った。

自分に自信が持てずモヤモヤしている人は、弱点やコンプレックスに真正面から向き合ってみよう。「やり残して死んでしまったら後悔すること」を、すべて書き出してみるのも手だ。今の自分が行動することで解消できそうなものがあれば、トライしてみる。一つひとつ取り組んでコンプレックスを乗り越えていくことで、自分を成長させていこう。

今日からできる TODO

▼モヤモヤと感じる不安や昔からのコンプレックスは何か、その根っことなる原因を突き詰めて書き出してみる

▼「やり残してこの世を去ったら絶対に後悔すること」を書き出してみる

▼右の「コンプレックスの原因、やり残したら後悔することリスト」をもとに、「今できること」を考えて行動を開始する

方法 16

「頭を空っぽにする」ルーティンをつくる

仕事のストレスがたまってくるとイライラ。プライベートでの嫌なことも引きずりがち。そんなとき、つい上司や同僚に無愛想な対応をしたり、仕事が雑になったり。人間だもの、仕方ない……と言ってあげたいところだけれど、**その職場での「不機嫌」な態度は、あなたの価値を大きく下げている！**

そもそも、「自分の機嫌は自分で取る」のが社会人の基本。OFFでは心のおもむくままに怒ったり泣いたりして、自分をさらけ出してもいいけれど、ONではきっちり切り替えておきたい。いつも口角が上がっているようなイメージで、機嫌良く仕事をしていたいものだ。

ONとOFFをうまく切り替えるためには、何か「仕事を始める前のルーティン」

を決めておくといいかもしれない。とっておきのチョコを1粒食べる、コーヒーを1杯飲む、簡単な体操やストレッチ……なんだっていい。そのとき、**「雑念を極力払って、頭を空っぽにしておく」ことがポイント。**自分なりの儀式で区切りをつけることで、「よしっ!」と前向きに仕事する準備ができるはずだ。

私の場合、昔は「1本のたばこ」だった仕事前のルーティンが、今はぐっと健康的に「早朝ランニング」へと変わった。週に3回くらい、朝5時半から1時間、自分のペースでゆっくりと走る。

1年前から始めたこのランニング、最初は「早朝に走ったりすると、その後疲れて仕事にならないかも」と思っていた。ところが、**とにかく無心に汗をかいて心も体もスッキリした状態で、1日の仕事をスタートできるのがいい。**達成感もあり、体力がついて寝つきもよくなるなど、「いいことずくめ」なのだ。

自分の機嫌をできるだけ安定させるための、あなたなりの「前向きになれるルーティン」。自分に合ったやり方がきっとあるはずなので、ぜひ試してみてほしい。

今日から
できる
TODO

▼職場でのイライラは自分の価値を下げる。
「自分の機嫌は自分で取る」ことを心得ておく

▼「仕事をスタートする前のルーティン」を決めておき、
ONとOFFの区切りを付ける

方法 17

自分を「キャパオーバー」にしない

とかく、若いうちは「目の前の仕事をがむしゃらにやれ！」と言われがちだが、**仕事を続ける上で「自分をキャパオーバーにしない」ということも、重要なことだと思っている。**それにはまず、「自分の能力のキャパ」を把握することだ。

税理士は12月から5月ごろまでが繁忙期。以前は、この時期になると入浴する余裕もなくなり、2～3日は風呂に入らない……ということもざらだった。忙しくて時間がないこともあるが、そもそも風呂嫌いのため、自分のなかで優先順位が低い「入浴」にまで頭が回らなくなってしまうのだ。

でも「風呂に入れなくなるほどの忙しさ」って、人としてどうなのか。心身共に疲れてイライラしているし、焦って作業することでミスが増えるかもしれない。

「仕事量が自分のキャパを超えているのでは」と、気づいた。

それからは、「個人の確定申告依頼で、3月に入ってからギリギリに依頼してくる顧客はお断りする」など、仕事を受けすぎないように心がけた。また、すべて自分で行っていた事務作業の一部を、パートタイムのスタッフにお願いすることにした。その結果、**「自分のキャパの8割」くらいのイメージ**で仕事ができるようになったのだ。

以前は売り上げ増や自分の収入増しか考えていなかった。走り続けた結果、自分の目標としていた売り上げ・収入に達したとき、達成感を感じたのは事実だが、果たしてこの生活をずっと続けられるのであろうかと、不安に駆られた。風呂に入る時間すら惜しいと思う状況って、あるべき生活水準からかけ離れすぎているのではないか。

「毎日風呂に入れる」くらいの仕事量を目指す

そんな経験を経て、改めて「収入と仕事にかける時間のバランス」を考えるようになった。もちろんお金はいくらあってもありがたいものだが、器用な人間ではないので「自分の労働時間＝収入」が、残念ながら私の稼ぐスキルの現状である。資産運用はしているが、これについてはあまりセンスを感じないので趣味程度である。

同じ労働時間であっても自分のパフォーマンスを上げれば、報酬単価を上げることもできるのだろうが、能力を上げるのも即席ではできない。とりあえず現状の能力で、目標としていた収入は達成できたわけだが、「風呂にも入れない」となると完全にキャパオーバーしている。さて、お前はどうしたい？と自問自答した。

「このまま風呂に入らず仕事をし続け、収入を高めるか」
「収入は下げてでも、風呂に入るような人間になりたいか」

できれば収入を下げずに、風呂に入りたい。そこでパートタイムのスタッフに相談し、稼働時間を増やしてもらった結果、私の風呂時間を捻出できるようになったというわけだ。もちろんスタッフへ支払う給料は以前より増えるわけなので、自分の収入を下げたくないのなら、新規の売り上げを増やさなければならない。最初は不安だったが、ちゃんと風呂に入るようになり気分が相当良くなったからなのか、時間に余裕ができたからなのか、なぜか仕事のスピードが上がった。

自分のなかの「余裕」というものが、非常に大切なことなのだ、と気づいた瞬間であった。

私には思想信条は一切ないが、いっぱいいっぱいの状態を解消して余白ができると、「引き寄せの法則」なのだろうか、なぜか自然と新規顧客が増えるのだ。現状では、収入を維持しつつ、風呂にも入れるという生活が送れている。

燃え尽きてしまう前に「変える努力」をする

「この生活を続けていいのだろうか」と悩むことは、人間なら誰にだってある。そういうときは、一度立ち止まって、環境を変えてみる。それによって、自分がキャパオーバーしていたことが分かったり、逆に意外にも余力があったと知ったり……

何かしらの「気づき」が生まれるはずだ。環境を変えることは怖いが、何かしないと現状は変わらないというのも事実。人生はギャンブルの連続なのである。

今は繁忙期でも毎日きちんと入浴しているし、夜は早く寝て早朝にランニングすることだってできる。確定申告の時期が終わるたびに、「もうちょっと案件を増やせたかも」と思うのだが、**仕事は「一つひとつ丁寧に、ミスなく進める」ことが第一。この仕事量とペース配分が、自分にはちょうどいいと感じている。**

「キャパオーバー」にならないよう、自分の裁量で仕事の量をコントロールできるといいが、組織で働いていると難しいこともある。**「厳しいな」と感じたら、限界を迎える前に同僚や上司に相談してみよう。**服の穴と一緒で、小さい穴であれば自分で埋めることができる、しかし、放っておいてとんでもなく大きな穴になってしまったら、もう他人の手でも修復不可能となり、捨てざるを得なくなってしまう。自分のキャパは自分にしか分からないし、ストレスや過労で体を壊してしまっては元も子もない。

早朝ランニングを始めるようになってすぐ、先輩ランナーから「根を詰めて毎日たくさん走りすぎないように」と、アドバイスを受けた。「年を取っても走り続けたいなら、少しずつ始めて、自分のペースをつかんで」と。ランニングを始めたばかりで気持ちが高ぶっていた私は確かに、最初から飛ばしすぎていたのだ。つくづく、「仕事も同じだな～」と実感した。

頑張りすぎて、途中で燃え尽きてしまうのは昭和までの話。令和に生きる我々は、マラソンのように息長く続けられる、「頑張りすぎない」働き方を目指そうではないか。

今日から
できる
TODO

▼ 「能力＋体力＋仕事にかけられる時間」という自分の「キャパ」はどれくらいか、きちんと把握する

▼ 人間は自分のキャパを過大評価しがち。「8割くらい」という見積もり方がちょうどいい

▼ 仕事量が許容量を超え、心身に影響が出ているようなら同僚や上司に相談してみる

方法
18

30代から「セカンドキャリア」を考えておく

ある女性タレントが、「ちょっとずつ仕事が減っているのを感じる。もう求められていないのかも……」と号泣するのをテレビで目にした。少し前までの彼女は、バラエティー番組に引っ張りだこの超売れっ子。その若さと勢いが視聴者からも好感を得ていた20代を経て、30代となった今、どうシフトチェンジするべきか、迷走しているようだった。

世の中の流行に左右され、常に他人からジャッジされる芸能界は本当にシビアだ。「旬」が過ぎると、「最近、あの人出なくなったよね〜」と世間的にも「終わコン」扱いされてしまう。バラエティータレントやアイドル、女性アナウンサーなどの、若さやルックス、目新しさが世間に評価されるような仕事ほど、ブームが終わった後の「セカンドキャリア」に悩むようだ。

一般人こそ「現状維持」だけではジリ貧に

でもこれって、芸能人に限ったことではない。**取り立てて一芸に秀でているわけではない我々のようなフツーの一般人こそ、今の仕事がうまくいっているうちに「セカンドキャリア」について、じっくりと考えておくべきではないか。**

あなたにとって今の仕事は、とても充実していて、やりがいがあるかもしれない。でも、**「年齢によって切られてしまうリスク」**はないだろうか? 特に、華やかさや若さ、体力といった要素が求められる仕事ほど、注意が必要だ。

「方法12『興味』の引き出しをたくさんつくる」でも例として出したが、20代の若者に人気のブランドで販売職をしていたとしよう。年齢を重ね、ブランドと年齢がそぐわなくなり販売の現場に立てなくなっても、本社勤務を希望して企画や広報などキャリアを生かした別の職種で働いたり、あるいはスタイリストとして独立したりする道もあるかもしれない。**でも、スムーズにこうした次のキャリアに移行で**

きるのは、そもそも野心と才能がある一握りの人だけである。次のステップを見据えて、若いうちからいろいろと努力している人たちなのだ。

また、「私は堅い仕事だから大丈夫」「大企業に勤めているから安泰」と思っていても、社会や経済など外部環境の変化で、今の雇用がどうなるかは誰にも分からない。2020年に倒産した企業の「平均寿命」は23・3年（東京商工リサーチ調べ）と、企業も年々短命になっているようだ。今、会社の業績が絶好調でも、10年後には倒産しているかもしれない。

私の本業である税理士だって同じだ。「国家資格だから、年を取っても安心」なのかというと、必ずしもそうとは言い切れない。不況のあおりをモロに受ける職業だし、法改正などによって報酬やサービスの内容が変わってしまう可能性もある。

私が言いたいのは、今がどんなに順調だとしても「現状維持」を目指すだけでは、〝ジリ貧〟の未来しかないということ。今の仕事が続けられなくなってから、「セカンドキャリア」について考えるのでは遅い。**若くてポテンシャルに満ちてい**

て、仕事が順調なときにこそ、考えておいてほしいのだ。

「日光」で新生活を始めるための12カ年計画

ここで、私の「セカンドライフ&キャリアについての妄想」を披露しよう。

税理士という職に定年はないものの、そもそも私は自分に悲観的な人間だ。年齢とともに自分のパフォーマンスは落ち、現在の顧問先からは見放され、年々需要のない人間となっていくだろう。**もちろん、できるだけ長く税理士として収入を確保したいが、老後に向けて少しずつ、今の仕事が減ってもどうにか生活ができるように、別の仕事もできる態勢をつくりたいと考えている。**

そんな悲観的な予想の一方で、「都会を離れて自然と共存したい……」という夢もずっと持っている。夫とは常々、「娘が大きくなって自立したら、ちょっと田舎に住んでのんびりしたいねえ〜」と話し合っていた。しかし、東京で基盤をつくった税理士という仕事にしがみつけるところまでしがみつきたいので、首都圏から遠すぎる場所では、仕事ができない。そこで、移住先として現在、浮上しているのが栃木県の日光市である。

なぜ、日光なのか。**それは、今住んでいる足立区から日光まで、「特急スペーシア」に乗れば2時間で行けるからだ。現在も気が向いたらフラッと日光に遊びに行って、息抜きをしている。**仮に代々木上原に住んでいたら、新宿から「特急ロマンスカー」で行ける箱根を候補にしていただろう。（こういうところが合理的、とよく言われる所以《ゆえん》だ）

日光東照宮など世界文化遺産にも登録されている社寺、奥日光や鬼怒川の豊かな自然。朝起きたらランニングして、ゆっくりと本を読んで、温泉につかって好きな時間に酒を飲み……週の半分は東京の事務所へ出勤して働く。**夢にまで見た晴耕雨読の生活、今すぐは無理だが娘が18歳くらいになれば、可能かもしれない。**

娘が都内にいたいという希望があれば、現在の足立区の住居でひとり暮らしすればいい。親としては娘のひとり暮らしが心配な面もあるが、週の半分は私も東京に行くつもりだし、娘が仮に破天荒な生活を送ろうとも、多少は抑止できるだろう。

夫も一緒に移住する予定だが、仕事の関係でどうしても日光に住むのが無理なら、平日は足立区、週末は日光で過ごしてもらえばいい。私も日光と足立区とを行き来しながら、それまでの顧問先との仕事も続けられる。働き方を徐々にシフトしていくには、最適な距離感ではないだろうか。

娘が18歳になるとき、私は50歳に近づく。「リタイア」するにはまだ早いが、今後税理士としての自分の需要がなくなる可能性を想定すると、今とは働き方を変えざるを得ないだろう。本業がスローダウンする状況は悲しいが、どうせなら、楽しみながらマイペースに仕事して年を重ねたい……そんな都合のいい将来を妄想している。

では、激減するかもしれない、私の収入をどう補塡していくか。税理士業を続けるに当たり、日光という場所は決まった。移り気な私のことだから、今後変わるかもしれないが、とりあえずは決まった。では、日光で私ができることはなんなのか。日光といえば観光地である。頻繁に行く場所なので、まだ一観光客の域を抜け出せていないが、日光の歴史や文化について学びたい気持ちも、なくはない。

外国人観光客を相手にした「観光ガイド」はどうだろう？ すでにたくさんのガイドさんがいるとは思うが、**幸い、税理士のキャリアで培ったトーク力、コミュニケーション力には割と自信がある。マイペースで続けられそうだし、セカンドキャリアとしてもぴったりではなかろうか……！** そこから「日光へ50歳で移住する」という妄想が、リアルなものとなっていった。**妄想を実現するために逆算して、「今やるべきこと」を計画するのが、私は大好きなのである。**

【日光移住を達成するための私のTODOリスト】

▼**娘の教育資金2000万円を夫婦でかき集めた**

「老後」を考えるのと並行して、「自分の責任で産んだ子どもを、無事に育て上げる」というミッションを、完了するメドを立てておきたかった。

さて、彼女の教育費は一体いくらかかるのだろう。これも妄想である。「小4から塾に通い、中高は私立の一貫校に進学、大学も私立理系を選んだ場合」という一番教育費がかかりそうなパターンを調べると、ざっくり2000万円が必要と分かった。海外に行きたい、医学部に行きたいなんて言われたら、そこからさらに頑張る必要があるが。

日光への移住計画が持ち上がる以前に、出産後の数年間でコツコツ切り詰めて貯めたものと夫の貯蓄をかき集めてどうにかクリア。**娘の教育費を確保しておくことで、負い目を感じずに夫婦のセカンドライフを考えることに専念できるようになった。**

▼2000万円を目標に、「日光貯蓄」を夫婦でスタート

日光で家を買う資金を、今から50歳までの12年間で貯めると決めて実践中。少しずつ積み上がる貯蓄額を見ると、夢に一歩ずつ近づいているように感じる。

▼英語の勉強をすきま時間に始めた

外国人観光客向けのガイドをしたいので、英会話を上達させたい。英語の具体的

な勉強法は、次項「1年に1つ、新しいことを始めてみる」を参照。

▼英語が上達してきたら、英会話スクールに通う

ある程度土台ができたら、オンライン教室やスクールで英会話スキルを磨く。

▼最終的には「通訳案内士」の資格を取る

目標とする「通訳ガイド」に必要な、語学関連唯一の国家資格。日本の歴史や文化、習慣なども勉強する必要がある。

いかがだろうか。通訳ガイドは、セカンドキャリアとして老後も続けられそうではないか。(楽観的すぎるだろうか)

セカンドキャリアを考えるタイミングは、ライフステージが完全に切り替わる前に。そして、いきなりシフトチェンジせず、目標をかなえるためのTO DOを少しずつクリアしながら、軸足を変えていくことがコツだと思っている。

今日から
できる
TODO

▼今の仕事をそのまま続けた場合、3年後、5年後、10年後はどうなっているか、想像してみる

▼「セカンドキャリア」の具体的な内容を自分の好きなこと、得意なことを軸に考えてみる

▼目標を「何年後」と定めたら、期間を逆算。達成するためにやるべきことをリストにして行動を始める

方法

19

1年に1つ、新しいことを始めてみる

前項で「50歳での日光移住計画」を披露したが、通訳ガイドとして実際に働くための一番の難関、それは「英語」である。

早稲田のビジネススクールに通っているとき、英語でゼミがあったので慣れようとオンライン英会話教室に参加してみたのだが、あまりにも英語をきれいさっぱり忘れ去っている自分に驚いた。英会話以前に、単語も文法もすっからかんである。

そんな私がいきなり英会話スクールに通うのはハードルが高い。完全に昭和の勉強法だが、まずは単語と文法を脳内の引き出しにパンパンに詰め込もうと思った。**そこで買ってきたのが「中学1年生向けの英語の問題集」である。基礎の基礎から振り返るのだ。**あとは、懐かしのNHKラジオ講座である「基礎英語」。いまどきは、時間通りにラジオの前に座らなくても、ネットで過去のアーカイブを好きなタイミングで自由に聞くことができるのだ。

勉強する時間は、1日30分程度。仕事の合間に気分転換を兼ねて進めている。**アラフォーの記憶力の衰えをカバーするには、短時間でも毎日サボらず勉強する**のがコツ。それだけは必ず守るようにしている。

「何もしていない不安」を逆手に取って動く

振り返ると、**「MBA取得」といった大きな目標の達成は、だいたい3年に1度くらいのペース、ゴルフレッスンにマラソン、英語の勉強などの「新しいこと」も、必ず年に1つは始めるようにしている。**というのも、「何もしていない状態」が怖くて仕方ないのだ。たとえ仕事や私生活がうまくいっていたとしても、「この状態がいつまで続くのか」とじわじわ不安を感じてくる。

もはやちょっとした不安神経症かも……と思うのだが、「何か新しいことにチャレンジして、それを達成すること」だけが、この心のモヤモヤを解消してくれるのだ。**ネガティブに考えがちで心配性、という〝考え方の癖〟を逆手に取って、自分を動かすエンジンにしているところがある。**

性格的にドラスティックな変化を好まない、慎重なところもそれを後押ししている。「日光への移住計画」も同じ。スパッとこれまでのすべてを断ち切って新しい仕事を一から探して……という「リセット」ができるタイプだったなら、きっと思い切って沖縄や海外に移住することだろう。

ちなみに、「新しいことに挑戦」は失敗もいろいろある。趣味も兼ねて、個性的なピアスやワンピースを手作りして、出来が良ければ販売しようかな～と、わくわくしながらアクセサリーパーツを買ったり、日暮里の繊維街に生地を買いに行ったりした。しかし、材料費と手間暇を冷静に考えてみると、利益率がとても低い。それも織り込み済みで趣味として楽しめればよかったが、つい「お金に換算してしまう」という税理士としての本能が顔を出して、すぐに熱が冷めてしまった。

「新しいこと」は、仕事のためのスキルアップ、資格取得、習い事、趣味……なんだっていいけれど、例えば「目標に向かってお金を貯めること」だっていいかもしれない。**1年の終わりに振り返って、自分が達成したことをノートに書くなど可視化してみよう。**どんな小さなことでも、コツコツと達成していけば、気づいたらいつの間にか「新しい地平」に立てているかもしれない。

今日からできる TODO

- ▼1年の始まりに何か1つ、「新しいこと」へのチャレンジを決める
- ▼興味を持ったらすぐに行動。自分に合っているかどうかをトライ&エラーでとにかく試す
- ▼1年の終わりに「達成できたこと」をノートに書き出す。数値や文章でその年の結果を可視化する

働く女性たちに聞いた

私の武器になった「仕事力」②

事務処理能力＆経験編

※アンケートは2021年6月、日経WOMAN公式サイトで実施。

▼事務処理の速さと正確性から、通常2人組で行う業務をひとりで任せられることが多くなり、さらに高い評価を得ることができました。（36歳・埼玉県・公務員・地方自治体・一般事務）

▼勤務先の銀行の店舗で、当時の総務担当者が仕事をため込んでも周りが助けないのを疑問に思い、上司に相談。最初はその人のサポートから総務の仕事を始め、事務処理が速く正確だったことから、3カ月後からは私がひとりで担当することに。スキルは特にありませんが、優先度を考えて処理すること、人に頼まれた仕事で分からないことがあればすぐに調べて実行に移すことがよかったのではないかと思っています。（44歳・北海道・正社員・銀行・総務）

▼残業が非常に多い職場で働いた経験から、仕事を効率良くこなす力がつき、周りの人を巻き込んで段取り良く仕事ができるようになったと思います。また、リーダーとして仕事をしていたので、仕事の分担と、それに対しての評価をどうすべきかを考えられます。社労士資格も持っているので、雇用者側の考え方、労働者側の考え方、双方の理解ができていると思います。（48歳・三重県・パート／アルバイト・公務・一般事務）

▼他の人が嫌がる仕事でも引き受けて、早めに提出することで、入社半年ほどで係長になりました。また、簿記2級を取得したことで、求職後すぐに転職できました。（41歳・富山県・正社員・卸売・総務）

▼失業しているとき、医療の専門知識と聞き取り能力を生かして、テープ起こしの仕事や、介護の参考書の執筆などで食いつなぐことができました。（51歳・神奈川県・正社員・医薬品メーカー・保健師）

▼ワーホリ経験があったので、かつて英会話スクールで採用してもらえま

した。銀行勤務の経験もあるので、ある程度信用してもらえて、転職時の書類審査は通りやすいと思います。（46歳・大阪府・派遣社員・官公庁・受付）

▼行政書士事務所に10年以上勤務していたスキルとノウハウがあるからこそ、ブランクがあっても同じ業界から就職の声掛けをしてもらえます。知り合いの相続などの行政手続きも手伝うことができます。（39歳・愛知県・契約社員・小売・営業）

▼正直やりたくなかったタイアップの仕事が来たとき、お金に困っていてしぶしぶ引き受けたものの、結果クライアントからも代理店からも評判が良く、仕事が続いたことがあり、食わず嫌いを反省しました。その仕事の実績を持って営業に行くことで、さらに他社からも仕事をいただけて、いいスパイラルになっています。（42歳・東京都・フリーランス・編集／ライター）

▼広報、広告、販売促進、イベントの経験があったので、当時3歳の子どもがいても採用してもらえました。保育園激戦区だったため子どもが保育園に入れず、週3日預かりの一時保育であれば枠があったので、週3日出勤で急な休みも受け入れていただきました。まずは会社からの要望に応えることで、自分の要望を受け入れてもらえるのだと思います。夜中に仕事をすることもありましたが、そのおかげで今があると思います。（41歳・神奈川県・契約社員・シンクタンク／コンサル・広報）

▼男性ばかりの業界に設計者として入社し、金型というニッチな機械設計の分野で仕事をしてきたおかげで、現在、自営する会社で代表という立場になっても、打ち合わせや交渉などで男性と対等に仕事ができます。入社当時は「女か」となめられていましたが、続けていることで対等に仕事を任され、信用を得られるようになります。（56歳・埼玉県・自営業・輸送用機器メーカー・財務／会計）

▼ブライダル業界の社長室で商品企画を行っていたスキルで、未経験ながらも大手の広告代理店に正社員で転職できました。また、学生時代には接客のアルバイトを続け、マクドナルドの接客の大会で入賞したことも。基本的な対話スキルを磨く経験を積めたことで、今もコミュニケーション能力に自信が持てるのだと思います。（33歳・東京都・正社員・広告・企画）

第3章

「デキる人」よりも「気さくな人」を目指す

方法 20

「人柄の良さ」で勝負する

1章でも触れた「頑張っているのに、なんで私は評価されないのか」問題、再び。自分なりに努力はしているが評価されない、スキルアップに励むのはこれ以上しんどい……というあなた。この際、**方向性を変えて、徹底的に「人柄の良さで勝負する」という戦略に切り替えるといいかもしれない。**

私は職場において、「感じの良さ」は、スキルのひとつだと思っている。だって、仕事を一緒にする同僚たちはロボットじゃない、人間だ。上司だって、無愛想な部下よりも、いつもニコニコしている部下のほうが、仕事を頼みやすいだろう。

ちなみに、アメリカでは、「仕事はめちゃくちゃデキるけれど、職場に波風を立てるイヤなやつ」のことを〝ブリリアント・ジャーク〟と呼ぶそうだ。能力主義的なアメリカでさえこういう評価なのだから、いわんや職場の和を尊ぶ日本においてをや。

直属の上司をバカにしたり、悪口を言ったりしないことも、当たり前だけれど大事なことだ。いやいや、分かりますよ、同僚と一緒に「○○課長、ムカつく〜！」とぶっちゃけたくなる気持ち。「陰でこっそりと言っているから大丈夫」と感じるかもしれないが、そういう雰囲気は普段の対応にもにじみ出ると思ったほうがいい。

「飲み会要員」として重宝される

都内の税理士事務所に勤めていた頃、能力にイマイチ自信のなかった私は、意識して「職場の潤滑油」となるよう、心がけていた。上司が「飲みに行くぞ〜」と誘ってくれたら、「行きます！」と即答だ。時代錯誤？　そうかもしれない。でも、単純に「慕ってくれる部下」って、上司にとって信用できる存在だと思うのだ。

振り返れば、仕事のできない、調子のいいだけの新人だった。うまくいったことといえば、「飲み会要員」としての立場は確立されていたので、昼間仕事ができなくても無視をされなかった……ということぐらいだろうか。仕事もできず、愛想もない新人であれば、存在意義が1ミリもないので無視されてもおかしくなかったであろう。

「飲み会要員」などという言葉は、おそらく令和の今では時代錯誤なのだろう。しかし、仕事ができなかったら本来お給料はいただけないものである。お給料をいただくためには、「仕事ができる」ことが第一であるが、それが難しいのであれば、会社で「どんな手を使っても、居座っていられる立ち位置」を、自らつくっていくしかないのである。力説するのもむなしい、情けない話ではあるが。

しかし、そんな努力をした会社も、結局退職することになる（詳しくは、「方法6『石の上にも三年』いなくていい」を参照のこと）。昇進は難しいとしても、数年は勤め続けることはできただろうが、さすがに常識もあったので、仕事ができないことに負い目を感じて、退職を申し出たのである。

結論としては、飲み会にしても普段の職場でも、「声を掛けやすい」ことが大事。能力だけでなく、人柄やコミュニケーション力が仕事のチャンスにつながることだってある。無理してデキる人オーラを出さなくても、大丈夫。今日からはあなたの「人柄の良さ」も、強みにしていこう。

今日から
できる
TO DO

▼ スキルに自信がないなら「感じの良さ」「コミュニケーション力」も武器にする

▼ 声の掛けやすさや、フットワークの軽さを普段から意識して行動する

方法
21

「笑い目」「腰の低さ」で感じのいい人になる

「方法27『笑顔』と『傾聴』は一生モノのスキルと心得る」の項でもお伝えするが、初対面の人と会うときは、笑顔、笑顔、とにかくにこやかな笑顔が大事！　心理学的にも「初頭効果」といって、「人はモノや相手を第一印象で判断し、その印象は長期にわたって残り続ける」とされている。他にも、コミュニケーションを取る際に人が重視するのは、視覚情報が55％、聴覚情報が38％、言語情報が7％という研究結果もある。（「メラビアンの法則」より）

「何を話したか」よりも「表情」が心に残る

お分かりだろうか。「何を話したか」というよりも、表情やしぐさなどの「見た目」が、あなたの印象を大きく左右するのだ。**最初に「感じがいい人だな」という**

印象さえ与えることができれば、それはずっと相手の心に残り続ける。

また、税理士として「先生」と呼ばれることもある立場上、私が意識的に心がけているのは、謙虚な姿勢。初めて会った人には、「田村さんって、すごく腰が低いですね」とよく言われるが、この「腰の低さ」も、実は仕事で痛い目に遭って培われたものなのだ。

税理士として独立した当初は、「若いし、女だからといってなめられたくない」という思いが強かった。なるべく「センセイ」らしく見せようと、虚勢を張っていた部分もあったかもしれない。そんな私の「上から目線」の態度は、年配の経営者からは生意気に映ったこともあったようだ。

税務のアドバイスをするたびにムッとされることが何度か続いて、「これではイカン！」と接し方を根本から改めた。それからは、**年齢が近いクライアントにも丁寧に、年配の方であれば、なおさら腰を低く、謙虚に振る舞うことを心がけるようになった。**

そりゃあ、どんな相手にも同じ対応で話が進むのであれば、これほど楽なことはない。でも、現実的に考えて、そんなことは難しいだろう。幅広い年代に合わせて柔軟に対応し、八方美人的にお仕事を続けていくという方針にしておかないと、将来が怖い。自分に自信がない私にとって、「八方美人戦略」のほうが、むしろ気楽なのだ。これも人それぞれである。

「デキる人」と評価されるのはうれしいことだが、長い目で見ると「ウサギとカメ」のように、「感じの良さ」が、最終的に勝つこともある。**マスクで表情が分かりづらいコロナ禍の今、せめて出ている上半分だけでも「笑い目」を意識して、コミュニケーションを頑張ってほしい。**

今日から
できる
TODO

▼ 初対面の印象があなたのその後の評価につながる。
ちゃんと目が笑った笑顔で接する

▼ 誰に対しても一貫した謙虚な姿勢や
丁寧な態度が信頼感を生む、と心得る

方法 22

相手に合わせてメールに「人間味」を足す

なるべく効率的に処理したいのが、ビジネスメール。でも、何度も先方とやり取りしているのに、ひたすら定型文だけの機械的な返信を見て、なんだか「冷たさ」を感じたことはないだろうか。

私は、顧問先とメールのやり取りをするときは、ビジネスライクな書き方になりすぎないように注意している。最初のうちはもちろん丁寧に、マナー的な失礼がないように、ということが最優先。しかし、お互いに人柄が分かり、ある程度慣れてきた段階で、メールを送る相手の年代やキャラに合わせて、くだけたカジュアルな感じを取り入れたり、定型を崩したりしている。例えばこうだ。

▼定型文：「お世話になっております。税理士の田村です。」

▼アレンジ：「こんにちは！　ご機嫌いかがですか？」

▼定型文：「引き続き、どうぞよろしくお願いいたします。」

▼アレンジ：「毎年、この時期はお忙しいと思いますが、どうぞ体調を崩しませんよう、ご自愛くださいね。」

メールの相手の状況に合わせた文面もよく送る。

「そろそろお子さんの誕生日でしたよね？」

「（年末年始などの長期休み明け後）休み明け、リフレッシュされてやる気満々タイプか、逆タイプか分かれますが、いかがお過ごしでしょうか？」

「そろそろクリスマスですが、ご家族へのプレゼントはお決まりでしょうか。むしろ参考にしたいので教えてください！」

「先日お会いした際、体調がイマイチとのことでしたが、その後いかがですか?」

仕事上の付き合いでも、何度かやり取りしていれば、相手のタイプや気遣ってほしいところ、褒められるとうれしいポイントなどが分かってくると思う。自分よりも家族の話を聞いてもらうほうが好きな人もいたりする。そうしたツボを突き、一言添えるだけで「メールの体温」がぐっと上がるので、ぜひ試してほしい。

今日からできるTODO

▼ メールのやり取りが慣れてきた段階で、相手の年齢や立場に合わせ、失礼にならない程度に定型文を崩す

▼ ちょっとした気遣いの言葉や褒め言葉をメールに織り込んで〝自分の味〟を足す

方法23

深刻なメールの後はフォローの電話を入れる

「先方が忙しいときにいきなりかけると迷惑」「相手の時間を拘束してしまう」「言った・言わないのトラブルになりがち」などの理由で、「電話連絡よりもメール」派が増えている今日このごろ。仕事上はメールだけのやり取りで済ませている、という人も多いのではないか。

しかし、私は顧問先とのやり取りをする際に「電話」もよく使う。**メールの内容が複雑だったり、深刻に受け取られそうだったりするときは、後から「フォローの電話」を必ずかける。**「メールだけだと分からない、微妙なニュアンスや真意」を伝えることができるからだ。

特に税務に関わる疑問点や指摘などを顧問先に伝える際の、電話フォローは必須。**なるべく明るい声で「さっき送ったメールなんですけど、簡単に言うと、こういう内容なんですよ〜」と、和やかに伝えるようにしている。**メールだけだと、厳しく指摘しているように感じられることも、電話の話し方で先方の印象が変わってくる。仕事先との関係がこじれるリスクを、電話1本で減らすことができるのだ。

相手が「メール派」か「電話派」か知っておく

とはいえ、かけるタイミングや相手のタイプによっては、「電話NG」ということもあるだろう。最初のうちに「電話をかけても大丈夫ですか？」と確認しておこう。「電話は取れないことが多いので、メールで」という人には極力、メールのみでやり取りできるようにする。**どうしても電話で話したいときは、メールでまず、「直接お伺いしたいことがあるんですが、お電話してもいい時間帯はありますか？」と聞くようにしている。**電話もメールも使い分けが大事。相手がどういうコミュニケーションを望んでいるかを確認しながら、うまく使い分けたい。

先日も、「電話をかけてくる人間は仕事ができない。メールで文章にまとめる力がない。人の時間も奪ってしまって最低だ」といった論調の記事を見かけた。これを見ても反論できず、「能力がなくて時間を奪ってしまって、本当にすみません」という気持ちしかない。

しかし、メールのつたない文章だけで済まそうとすると、それこそ大事故が起きてしまう恐れだってある。

「決して悪いやつじゃないけど、ちょくちょく電話をかけてきて面倒なやつ」と思われて仕事を切られるのと、「メールだけでは意図がうまく伝わらず、結果として大事故が起きてしまった」という理由で仕事を切られるのとでは、どちらがマシか。

前者は悪いやつじゃないが仕事ができないやつ。後者だと、感じも悪いし仕事もできないやつ、という認識になりそうだ。ま、切られるならどちらでも一緒なのだが、せめて人格までは否定されたくないと個人的には思う。とりあえずは、文章能力を上げる努力もしておこう。ははは……。

今日から
できる
TODO

▼仕事で頻繁にやり取りする相手には、電話がNGではないか、かけても迷惑でない時間帯を聞いておく

▼内容が複雑、深刻なメールは送りっ放しにせず、前後に電話を入れて和やかにフォローする

方法 24

「個性」は評価されてから小出しにする

都内の一等地にあった税理士事務所に勤務していた20代。時代は雑誌『CanCam』全盛期でもあり、私はロングヘアを巻き髪にして、コンサバファッションに身を包んでいた。ゆるふわヘアにワンピ、肩掛けカーデがすごく好き！というわけではない。**キレイめファッションの同僚たちから浮かないよう、「郷に入っては郷に従え」で、ある種の制服のように着用していたのだ。**

学生時代、そこまでおしゃれに興味がなかった私は、社会人になったときに、はたと困った。一体どんな服装をすればいいのだろう……？　丸の内OLっぽいコーディネートには、全く自信がなかったので、デパートに走り、「ナチュラルビューティーベーシック」で上から下まで一式、「マネキン買い」した。**時短、かつバラのお店で買うよりも節約になることが多い「マネキン買い」。**特にこだわりがなく、ONの服選びに時間をかけたくない人には、おすすめである。

こうして、適度に「女子アイコン」を取り入れた私は、職場でも浮くことなく、周囲になじんでいった。「おしゃれ大好き♡」という人は、オフィスでも自分らしいファッションを楽しめばいいと思うが、そうでないなら**「お仕事服は制服のようなもの」と割り切るとラクである。**

そんなコンサバなOL時代を経て、独立開業してからの私のファッションは、ショートヘアにお気に入りのメガネがトレードマークに。洋服も、少し主張があるモードっぽいものや大好きな柄物を着るようになった。

自分の仕事に自信がなかったOL時代は、とにかく「無難に周囲から浮かない」ことが最優先だった。**仕事で評価されるようになってから、やっとファッションでも「自分の味」を出していけるようになったのだ。**

実績があれば個性も出せる

こうした自己主張は、ファッションだけの話ではない。**仕事においても「自分らしさ」や「個性」を出していくのは、実績や評価という土台ができてからのほうがいいと思っている。**

考えてみると、所属している組織自体、その組織の長が自らの個性でつくり上げたのがそもそもの始まりである。会社を興す理由は社会貢献をはじめ、いろいろな理念があることだろうが、「自分で何かを立ち上げたい」という思いは共通だ。そうした意味で、「組織は、誰かの個性から始まっているもの」ではないか。

入社して実績がないうちは、組織としての個性を損なうようなことをしてはいけない。自分が給料をもらえるのは、会社としての個性が社会的に評価されているおかげなのだから。**組織のなかで認められ、自由にやっていいよと言われて、初めて自分の個性を出すことができる。**

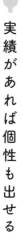

20代は『CanCam』全盛期。周りの女子に合わせてコンサバOL風に装っていた。

現在。仕事にもある程度自信がつき、「自分が好きな服」を心置きなく着ることができるようになった。

（写真／洞澤佐智子）

「自分の個性を認めてもらえない、評価してもらえない」と思うのであれば、それは自分とその組織との個性の方向性が違うということだから、お別れを選択したほうが幸せな気がする。

「音楽の方向性の違い」という理由でバンドが解散することがあるように、どちらかが歩み寄れないのだったら解散するしかない。バンドの解散理由を自分ごとに置き換えて考えると、すっきりするのではないだろうか。

会社というものは最終的には営利を追求するものだから、利益を生み出さない個性を認める理由は1ミリもない。どうしても個性を出したいなら、あなたが属しているる組織のトップがそうしたように、自分で組織を立ち上げるのが手っ取り早いだろう。

今日からできる

TO DO

▼ 個性が問われるクリエイティブ職でもない限り、「お仕事服は制服」と割り切るとラク

▼〝自分の味〟を出し、周囲に個性を認めてもらいたいなら仕事で実績を上げることが先決

働く
女性たちに
聞いた

私の武器になった「仕事力」❸

コミュ力&メンタル力編

※アンケートは2021年6月、日経WOMAN公式サイトで実施

▼誰とでもきちんと話せるところを認められ、内勤から営業に抜擢《ばってき》されました。（38歳・愛知県・正社員・情報・デザイナー）

▼他人とぶつからず、穏やかに物事を進める力があったので、信頼を得て

外部機関との協働がうまくいっています。あまり評判がよくない同僚の仕事もこちらで引き取って、なんとか収めている面も。このような積み重ねが評価され、社内で表彰を受けました。（45歳・宮崎県・公務員・教育・研究職）

▼笑顔で会話することを心がけているためか、堅苦しい方からも気軽に声を掛けてもらえるので、自分だけでは知り得ない情報を入手でき、先を見越した仕事の段取りをつけられるので、仕事を進めやすいです。（40歳・東京都・正社員・機械メーカー・営業事務）

▼旅行会社で培ったコミュニケーション能力で、どんな年代の方ともうまく対話ができます。難しい電話がかかってきてもスムーズに解決することができるので、代表電話係として

重宝されています。（43歳・奈良県・契約社員・教育・一般事務）

▼傾聴力、相手のニーズを把握する力があったので、キャリアカウンセラーとして顧客との初回面談で信頼を構築し、評価をいただくことができました。（49歳・東京都・正社員・シンクタンク／コンサル・コンサルタント）

▼コミュニケーション能力と、物おじせずに誰とでも話せるところが評価されて、秘書に抜擢されたのだろうと思います。（50歳・北海道・正社員・建設・秘書）

▼武器になったのは、コミュニケーション能力。旅先でたまたま隣に座った人と仲良くなり、紹介してもらったことで、今の仕事に巡り合えました。（39歳・神奈川県・契約社員・電気

機器メーカー・人事）

▼丁寧に交渉するスキルが私の武器です。取引先が提出する財務諸表の数字の根拠や内容を聞き取るというデリケートな仕事で、相手の感情を逆なでせず、こちらの要望もきちんと伝えることができました。（47歳・三重県・正社員・小売・財務／会計）

▼コミュニケーション能力は評価されています。電話口や商談、またサポートにおいて、対応がいいから任せたいという案件を、これまでにいくつもいただきました。（44歳・東京都・正社員・IT・マーケティング）

▼我慢強く、メンタルが強いため、人が嫌がる仕事が回ってきます（クレーム処理、けんかの仲裁、土日のシフト勤務、各種監査の立ち合いなど）。それをこなしていくうちに、人をまとめる工場長になりました。（44歳・新潟県・正社員・食料品メーカー・製造）

▼語学力はイマイチでしたが、メンタルの強さと体力で、海外出張を任せてもらえたことがありました。とても良い経験になり、海外とのビジネスに興味を持つきっかけにもなりました。（40歳・神奈川県・正社員・広告・営業事務）

▼情報収集力とメンタルの強さがあったことで、合併による解雇を回避できました。（46歳・海外在住・フリーランス・マスコミ・編集／ライター）

第4章

「大事な人」ほど信用しない

方法
25

「性悪説」に立って仕事を進める

キャラクターのせいか、とてもポジティブなタイプだと思われることが多いのだが、実は根っこの部分は超ネガティブ。自分に対しては「自信がない」のがすべてのスタート地点であり、**他人に対しても「基本的に信用していない」**というところが、人格形成の土台としてある。

「人の性は悪なり、その善なるものは偽《ぎ》なり」というのが「性悪説《せいあく》」（ちなみに、ここで出てくる「悪」は、邪悪ということではなくて「弱い存在」くらいの意味なので誤解のないように）。**常に、この「性悪説」の立場に立って考えることで、仕事のミスやトラブルを大きく減らすことができる。**

例えば、依頼する仕事の期限の設定。最近、流行りの「行動経済学」でも、「締め切りが分かっていても、ギリギリまで先延ばしする」という人間の心理傾向が実証されている。**私が顧問先に資料の送付をお願いするときは、「期限までに終わらない前提」でスケジュールを組んでおく。**余裕を持った日程にしておけば、書類が期日までに戻ってこなくても慌てることはない。

さらに、仕事先を訪問する際は必ず、「明日、○時にお伺いします」と、前日のリマインドメールを送るようにしている。これは、アポイントをすっぽかされた苦い経験からだ。前日に1通メールを送っておくだけで、こうしたトラブルを防ぐことができる。

また、細かいことだが、トラブル回避としてもう1つ、守っているルールがある。それは、**忙しいときにはSNS投稿をしないということだ。**もちろん忙しいといっても、24時間365日働いているわけではないので、SNS投稿をすることだってできるのだが、「俺の質問メールには返信してくれないのに、SNSに投稿する時間はあるんだ」と思われる恐れがあるのでは……と感じ、それから繁忙期のSNS投稿には慎重になっている節《ふし》がある。私が逆の立場であったら、きっといい気持ちにはならない。

社会にいる皆が皆、失敗することもなく、絶対にサボらない完璧超人であるわけがない。**「どんな人でもうっかりミスはするし、サボりたい気持ちはある」という前提で仕事を進めることが、「リスク回避」につながるのだ。**

今日からできる TODO

▼ 取引先などに仕事を依頼するときは、「本当のデッドライン」よりも締め切りを前に設定しておく

▼ 訪問する前日に「明日、○時にお伺いします」とリマインドメールを送る

▼ 社内の人や取引先にチェックされている可能性を考えて、忙しいときはSNSを投稿しない

方法 26

「自分は必ずミスする」と想定して仕事する

「性悪説」にのっとって仕事をしているため、他人と同様、自分のことも全く信用していない。人間は、必ず「うっかりミス」をするので、普段からいろいろなリスクヘッジを行っている。

まず、取引先に送る書類やメールは、しつこいくらいに何度も読み返して、漏れやミスがないかチェックする。**メールを送る際は、文面だけでなく、メールアドレス、会社名と部署名、名前、添付ファイルを必ず指さし確認！**

いやいや、当たり前のことと言われればそれまでなんだけど、添付ファイル漏れのメール、たまに来ません？　「添付がないので再送していただけますか」の返信って、むなしいよね。自分宛てのメールで名前や漢字が間違っていたら、「その程度に思われているのか」とモヤッとするよね？　そして、間違ったメールアドレスにうっかり送信してしまったら、情報漏洩になりますよ……！

こうした「誰でもできること」で、うっかりミスが多いのは本当にまずい。評価以前の問題だ。基本のことほど、丁寧に着実に。メールも書類も「指さし確認」をデフォルトにしよう。

また、仕事の期限は必ず「前倒し」で設定しているのも、自分なりのリスクヘッジのひとつ。個人の所得税の申告期限は原則3月15日だが、2月末には終わらせるようにしている。もし間違いがあって、やり直さなければいけなくなっても、3月前半にできるという余裕がある。

これも当たり前のことだと思うのだが、毎月1日には、その月のTODOを確認する。「A社の決算月」など、記憶していることであったとしても再確認。毎週月曜日には、その週のTODOを確認し、金曜にはそれがきちんと消化できたかどうか振り返る。同じように、月末にも「月間TODO」の消化確認をする。

年齢とともに記憶力も衰えていくので、過信は禁物。勉強と同様、昔は一度見れば記憶していられたのに、年とともに何度も見ないと覚えられなくなった、という人は少なくないはずだ。スケジュールだって、何度も確認しないと絶対に忘れるのである。

仕事ができない以前に加齢という問題もあるのだが、それを理由にはできない。**仕事ができない人間が「ＴＯ　ＤＯのうっかり忘れ」によって、それまで必死の思いで築いてきた信頼を一瞬でなくしてしまうのはつらい。もったいない。**その後、仕事ですぐに挽回できるのか？　いやいや、我々はコツコツと実績を積み上げていくことしかできないのだ。信頼をうっかりなくすようなことは、絶対に避けよう。

他人を信用しないことに加えて、自分のことも信用しない。「ミスをする」ことを前提にして、仕事のやり方やスケジュールを組み立てておこう。

今日からできる
TO DO

▼メールを送る際は、文面、メールアドレス、会社名と部署名、名前、添付ファイルを指さし確認

▼自分の能力を過大評価しない。作業の締め切りは「本当のデッドライン」よりも前倒しで設定

▼月ごと、週ごとにTO DOを設定して月の終わり、週の終わりに達成できたかチェックする

方法 27

「笑顔」と「傾聴」は一生モノのスキルと心得る

延べ100回の合コンから学んだコミュニケーションの極意。**それは、「にこやかに感じよくしていれば、たいていのことは大丈夫！」ということだ。** 笑顔が大切なのはサービス業だけではない。オフィス勤務でも外回りの営業職でも、スムーズに仕事を進めるために必要なスキルである。

コミュニケーションを円滑にするもうひとつの極意は、「傾聴力」をアップすることだ。**特に初めて会う取引先の人、職場の目上の人には「傾聴」の姿勢を心がけたい。** 初対面の人と会話するときは、「何か1つ、爪痕を残したい……！」と思いがちだが、聞かれてもいないのに自分のことばかり話すのはマイナス。

「自己開示」は、信頼関係が生まれた後で十分だ。 にこやかに、落ち着いて相手の話を聞く「傾聴」の技術は、「コミュ障だから、なかなか会話が続かない」という人にも、有効なテクだろう。

相手が無口なタイプなら、会話が途切れないように質問を続ければいい。「あなたの話に興味があります」という姿勢を見せることが大切なのだ。

さらに、**上司や取引先と会話をするときに心がけたいのは「褒め会話」だ。**初対面でも何度か会った相手でも、まず褒められそうなのは、見た目の部分。だって、中身については知らないのだから、何を言っても嘘になってしまう。

「優しいですよね」なんて言ったところで、「一体私の何を知って、そんなことを言っているのだ……」と不信感が生まれる可能性もある。見えないものには触れない。今、見えているものだけについて言及すれば嘘にもならない。

「褒めて」続ける、「肯定して」続ける

【スムーズな「褒め会話」の例】

▼初対面の相手に対して

「素敵なメガネですね。どちらで購入されたんですか？」

▼複数回目の相手に対して

「あれ、メガネ替えましたか？　感じが変わりましたね」

会話を続けるときの相づちは、「勉強になります！」「すごいですね」「面白い！初めて知りました」などの「肯定」が望ましい。褒めすぎると調子がいいヤツと思われるのでは？と思うかもしれないが、心配しなくていい。**断言するが、褒められてイヤな気持ちになる人はいない！**

心にもないお世辞を無理して言う必要はないが、肯定的な言葉はきっと相手の心

にも届くはず。「自分の話をちゃんと聞いてくれた！」と、相手との間に信頼関係が生まれやすくなる。

【褒めることがなければ】

▼相手が営業の場合

「営業さんですか。営業さんがいなければ会社は成り立たないですよね。大切なお仕事ですね」

▼相手が経理の場合

「経理さんですか。経理さんがいなければ会社は成り立たないですよね。大切なお仕事ですね」

▼相手が広報の場合

「広報さんですか。広報さんがいなければ会社は成り立たないですよね。大切なお仕事ですね」

つまりテンプレを1つ用意しておけば、相手がどのような仕事でも使える。基本構文を丸暗記しておけば、困ることがない。

【どうしても苦言を呈したいとき】

時には、相手にとって耳が痛いことを言わなければいけない場合もある。その際は、〝前振り〟を入れるのがコツだ。

「乱暴な言い方になってしまいますが……」「言葉を選ばずに言ってしまうと……」といった前置きをして、**「これから、あなたに耳の痛いこと言いますよ」と予告しておく。**

おそらくこの言葉があることで、多少なりとも相手を慮《おもんぱか》っていることが表現できているはずである。そして、「重たい話をするときこそ、表情は柔らかく」というのも大事なことだ。

この傾聴スキルと褒め会話は、学生時代の合コンで鍛え上げられたものだが、**仕事の場でのコミュニケーションはもちろん、親戚付き合いやママ友との会話など、どんなシーンでも役立つ。**一度身に付けておけば、一生モノのスキルとなるので、ぜひ普段からトレーニングしておきたい。

今日からできる TODO

▼初対面の場合は特に笑顔と傾聴を心がける。

▼「自己開示」は相手と仲良くなってから

▼「褒め会話」のテンプレをいくつか覚えておけば、どんなシチュエーションでも使える

方法
28

パートナーといつ別れてもいい覚悟で仕事する

27歳のとき合コンで出会ってピンと来て、「とりあえず付き合ってみませんか？」と、私のほうからオファーした夫とのお付き合い。「お試し」から始まったものの、付き合って半年で同棲、１年後には私からのプロポーズで結婚した。

金銭感覚や生活する上での価値観もぴったりと合う。真面目で堅実な彼にとって、私が思いつくことには突拍子もないと感じられることもあるようだが、「一緒にいて楽しい」と穏やかに見守ってくれる。共働き夫婦として家事や子育てもシェアでき（むしろ夫のほうが得意かも……）、彼との出会いから結婚までを赤裸々につづった『ブスのマーケティング戦略』の出版も、「なんでも書いていいよ」と応援してくれた。

仕事と子育てをしながら大学院に行けたのも、夫が協力態勢を敷いてくれたおかげだ。**はっきり言って、私にとっては100点満点の夫なのである。**

「夫と別れてもやっていけるか」をシミュレーション

一方で、そんな夫に「いつ捨てられても、文句は言わない」という覚悟も持っている。

いや、できることなら一生を添い遂げたいけれど、人生何があるか分からない。今はにこにこと私を後押ししてくれる夫も、いつかは愛想を尽かすかもしれない。

私は元来、自分に自信がない人間なのだ。「子どもは1人でいい」という家族計画も、「もし離婚してシングルマザーになったら、自分が育てられるのは1人が限度かも」という考えからだ。

離婚しなかったとしても、教育費が高いこの日本で、子どもを2人以上育てることへの経済的な不安があった。我々の収入が不安定になり、金銭的にやりたいことをやらせてあげられなかったら、申し訳ないと思ったのである。だったら、最初から1人を全力で育て上げようと思ったのだ。

悲観的と言われそうだけれど、未来を想像するときは、いつも「最悪のパターン」から先に考えている。そうすると、「最悪のパターン」となってしまったときへの備えができるからだ。

ツイッターのようなSNSで夫への愚痴や不満を吐き出す女性も多いけれど、なかなか離婚とまでは至らない原因は、子どもの存在と経済的な不安があるからではないかと思う。

離婚や死別などでシングルマザーとなっても、子どもをひとりで育てられる自信と稼ぎが自分にはあるのか？　パートナーがいる人は、夫婦仲がうまくいっているときにこそ、自分の経済的な基盤について考えておくといいと思う。

逆に、「いつ離婚しても大丈夫！　今の仕事でひとりでも生きていける！」という経済的な自信さえつけられれば、余裕ができるはず。なぜなら、私がそうだったから。開業1年目は不安でたまらず、イライラすることも多かったが、仕事が軌道に乗って当初の目標だった売り上げを達成した3年目には、心がそれまでよりもずっと安定していた。

さらに、稼げるうちに「先取り貯蓄」をしておけば、金銭的には気が楽だ。途中で仕事を辞めることになったとしても、ある程度の貯蓄が手元にあれば、不安は少し減るのではないだろうか。

結婚している人は「もし今のパートナーと別れたら……」、シングルの人は「このままずっとおひとりさまだったら……」などを、普段から想定しておこう。「今の仕事で働き続けていれば、きっと大丈夫！」と自信を持てるようなら、素晴らしいではないか。

今日から
できる
TODO

▼子どもがいる人は「死別や離婚でシングルマザーになったら……」と想像し、不安のない経済的基盤をつくれるようにする

▼給与天引きなどを利用して、余裕のあるうちに「先取り貯蓄」をしておくようにする

方法 29

敵をつくらない「ビジネス八方美人」を目指す

壁に耳あり、障子に目あり。**オフィスを一歩出たら、取引先や自社の噂話は厳に慎む！**　なーんだ、社会人として当たり前じゃん、と思うだろう。でも、電車に乗っていると、移動中に社名や個人情報ダダ漏れで話しているサラリーマン、結構多く見かけるのだ。

都内の税理士事務所に勤めていた新入社員時代、入社してすぐに上司から、「事務所から出たら絶対に顧問先の社名を出さないこと！　そもそも、仕事の話は極力せず、どうしてもというときは、A社、B社など、分からないような隠語を使うこと」と指導された。ちなみに、「電車待ちしているとき、列の一番前に立つな。押されて事故に遭う危険性がある」とも。（多くの駅にホームドアが設置されている今は、だいぶ安全かもしれないが……）

軽率な振る舞いが不興を買ったり、悪気なく言ったことがゆがんで伝わって、誰かに恨まれたりすることもあるかもしれない。知っている人の前でだけ、きちんとしていてもダメ。**「誰にどんなシーンを見られているか分からない」「誰と誰がどこでつながっているか分からない」のが、この社会の恐ろしいところだ。**

リスクヘッジのために、私が常日ごろ心がけているのが、「ビジネス八方美人」の仮面。その心得をお教えしよう。

【「ビジネス八方美人」の心得集】

▼**一歩外に出たら、自社の仕事や取引先の話はしない**

本当に移動中、情報ダダ漏れのサラリーマンが多い。どこの企業に勤めているかも、すぐに分かってしまう。**コンプライアンスの観点から絶対にNG。**

▼オンタイムの振る舞いには常に気を付ける

気がゆるんで「素」が出がちな、打ち上げや飲みの席。あくまでOFFではなく、ONだ！　「無礼講」にかこつけて、本当に無礼にならないよう気を付けよう。

▼人によって態度を変えない

「上司にはヘコヘコと愛想がいいのに、部下や年下など目下の者にはエバる」。そんなおじさんの振り見て、我が振り直せ。**あなたがナチュラルにエバっているその後輩、将来的に「下剋上」してあなたよりも出世する可能性はないか？**　疎まれたり、恨みを買ったりするリスクは、今から排除しておいたほうがいい。

▼仕事関係以外の人にも丁寧に接する

これも**「おじさんの振り見て、我が振り直せ」**。女性では少ないかもしれないが、飲食店やサービス業の人への横柄な態度やタメ口は、同席している人にも不快感を与え、あなたの好感度ダウンにつながる。ちなみに私は、仕事中に電話をかけてくる営業の人（不動産販売、通信機器、保険、etc.）に対しても、丁重にお断りするようにしている。

▼何かを伝えるときはなるべく「ポジティブな言い方」に変換

×「あそこのお店、いつもガラガラで潰れそうだよね」

○「あそこのお店、いつ行っても空いていていいよね」

×「A子さんって仕事のスピードがのんびりだよね」

○「A子さんって、仕事がいつも丁寧だよね」

同じことを言っていても、表現ひとつで印象がガラッと変わる。伝えるときはポジティブに。会話の相手によって、言い方を変えたりしないことも心がけたい。どうしてもネガティブ情報が口をつきそうになったら、グッと飲み込んで何も言わない。沈黙は金なり。

「ビジネス八方美人」として振る舞う際のポイントは、下手に出たり、卑屈になったりする必要はない、ということだ。一番大事なことは、相手によって態度を変えないことなのだから。ビジネスのシーンで「感じが良くて丁寧」な自分をデフォルトに設定するなら、誰に対してもそれを貫き通すことが肝心。意識して心がけていると、周囲からの信頼が自然に得られると思う。

今日からできるTODO

▼「ビジネス八方美人の心得集」を参照のこと

働く女性たちに聞いた

私の武器になった「仕事力」4

アピール力&実行力編

※アンケートは2021年6月、日経WOMAN公式サイトで実施

▼話がうまかったことで、エンジニア（技術職）から営業職にキャリアチェンジできました。また、エンジニアの専門知識があったからこそ、顧客の信頼を得て、大型案件の受注につながりました。（30歳・東京都・正社員・IT・営業）

▼男性が多い職場なので、女性だと目立ちます。しっかり準備して、会議でも発言し、存在感を高めることで、社内や社外の方に覚えてもらう、これが一番だったように思います。（39歳・東京都・正社員・IT・SE）

▼問題も起こすけれど結果も残す、という評価から、昇進がかないました。良くも悪くも目立つことが大事だと思います。（39歳・神奈川県・正社員・不動産・営業事務）

▼女性が多く、数字に弱いサービス業の会社で、理系出身かつPCやデジタル化への興味・関心を示していたことで、企画側として仕事を割り振られました。（33歳・東京都・正社員・営業・企画）

▼向上心が人一倍強かったので、やりたい仕事をアピールしていくことで、希望していた仕事に就くことができました。（47歳・三重県・正社員・自動車メーカー・一般事務）

▼学術団体の中途採用のときに、ペーパーテストの出来は悪いが面接時の話が面白いと言われて採用されたことがあります。自分では思いもよらない強みで驚きましたが、その後の営業やセミナー講師業で強みを伸ばせたと思います。（45歳・神奈川県・正社員・自動車メーカー・開発）

▼人前で話すのが人より得意だと気づき、話すスキルをプロの演出家に教わったりしていたら、銀行から研修講師として出向。そのままプロになりました。（31歳・長野県・正社員・シンクタンク・コンサル・インストラクター）

▼プレゼンの経験を多く積ませてもらって、社内で「プレゼンといえば〇〇」という評価をいただくように。長年携わってきた展示会の規模の拡大につながり、上層部からも注目されています。（51歳・東京都・正社員・紙パルプメーカー・企画）

▼大量の情報や思いを整理してコンセプトにまとめる力が評価され、社長表彰を受けました。（39歳・宮城県・正社員・通信・教育）

▼企画力やイベント運営能力、段取り力、社内人脈などが買われて、社内異動がかない、現職の担当を任されました。（30歳・神奈川県・正社員・機械メーカー・マーケティング）

▼問題解決能力が評価されて、一般職から総合職へ転換。また、生産性が評価されて時短勤務でも昇進しました。（34歳・愛知県・正社員・非鉄金属メーカー・企画）

▼いくつかの修羅場じみた職場に配属されたとき、今までと変わらず「する・やる・進める方向」で仕事に取り組む態度がおそらくは評価されて、今、過去に女性が配属されてこなかった、大変だけれど面白いポジションに配属されています。（48歳・東京都・公務員・官公庁・法務）

第5章

「自分の味方」を毎日増やす

方法 30

「目指したいキャリア」に合ったパートナーを選ぶ

「ゆくゆくは結婚して家庭をつくりたい」と考えているシングルの皆さん、パートナー探しは順調だろうか。「今付き合っている人と結婚していいのか、できるのか」と、迷える女子も多いのではないか。

パートナー探しの基準は「恋愛」するだけなら、簡単だ。ときめきやリビドーに任せて選び、忙しい日々に潤いを与えてくれる人であればいいと思う。

しかし、結婚するパートナーとなると話は別。一生を添い遂げるとなると、50年以上は共に過ごすことになる。**「家庭」というチームを運営していくパートナーなのだから、単純な「好き嫌い」とは別の視点を持たなければならない。**

実も蓋もないかもしれないが、結婚は女性にとってある意味「経済的な保険」という面もある。専業主婦になりたいと思うなら、一定以上の安定した収入がある相手を選んだほうがいいだろうし、働き続けて自分自身の年収をアップしたいなら、収入はそこそこでも家事や子育てを一緒にしてくれるタイプの男性がいいだろう。

自分はこれから、どういうふうに生きていきたいか。どんな生活がしたいのか。今の仕事を続けていきたいのか。実現してみたい夢はあるのか。まずは自分が思い描く理想の生活をイメージしてみよう。**結婚する相手に合わせて自分の働き方などを変えるのではなく、自分のキャリアや実現したいことをベースに、パートナーを選ぶのだ。**

六本木のタワマンに住みたい！という人と、足立区の中古マンションでいい（私だ）という人とでは、求められる世帯年収も変わる。出産するのかしないのか、子どもの数は何人か。イメージするライフプランによって、必要なお金もそれぞれ違うだろう。

結婚前にライフプランを共有

私と夫は合コンで出会ってすぐに付き合い始め、半年後に同棲。お互い20代後半というタイミングであり、結婚も視野に入れていたので、**「税理士として独立開業するかもしれない」「子どもはできれば欲しいが、1人だけでいい」など、結婚後のライフプランの希望については、同棲前の段階で伝えていた。**

特に独立開業プランについては、事前に詳しく相談した。「開業しても、軌道に乗るまでは時間がかかるかもしれない。用意しておいた200万円の貯蓄が底をついたら、諦めて勤めに出るので、一度チャレンジさせてほしい」。独立することのリスクについてきちんと説明し、期限を明確に決めていたこともあって、夫はその後も快く協力してくれた。

もし、パートナーが私と同じ自営業者やフリーランスだったとしたら、世帯としての収入が安定せず、さらに不安だったと思う。その点、会社員である夫の安定した収入は、ありがたかった。

夫が出世よりもワークライフバランスを大切にするタイプで、家事や子育てをシェアしやすいのも、結婚してよかった点のひとつだ。転勤族や残業が多いような仕事だったら、今のような仕事や生活は難しかったかもしれない。夫は夫で、「家族との時間を大切にしながら、ずっと続けられる仕事」という視点で転職したり、社内での評価アップのための資格取得を考えたりしている。

「お試し同棲」で価値観をチェック

私と夫は出会って半年で、結婚を前提に同棲を始めた。結婚を考えているなら、お互いの価値観を確認し合うためにも同棲をおすすめしたい。自分と相手の価値観があまりにも異なるのであれば、毎日一緒に生活をすることも苦痛となって、すぐに同居解消になってしまうと思う。

血のつながった家族ですら、相手の一挙手一投足にイライラすることもあるわけだから、血のつながっていない人間ならなおさらではないか。「惚《ほ》れた腫れた」なんて、リアルな「生活」をスタートしたら一瞬でなくなってしまう。

付き合っているときは〝姫扱い〟してくれた彼氏も、同棲した瞬間、自分の母親のように家事をすることを求めるような人間かもしれない。朝は出汁《だし》を丁寧にとったお味噌汁。トイレットペーパーは、掃除した後の三角折りが当たり前。洋服の収納は決まった畳み方じゃないとだめ。常にリビングはきれいであれ。お花が飾られているのが当たり前。テレビのリモコンなどは決まった位置・方向に置かないとキレちゃう……など、あなたのパートナー候補はもしかしたら、そんなコンサバな価値観をお持ちかもしれない。

恋人時代は仲が良かったのに、結婚した途端、生活習慣のズレでケンカが絶えないという話を友人から聞いたことがあったので、これは結婚前にできるだけ確認しなければ、と思ったのである。

「家事に求めるレベル」が同じだといい

人間は新たな環境で、初めのうちはちゃんとするものである。ズボラな私でも同棲して、最初の1週間は毎日掃除機をかけたり、食器もきちんと洗ったりしたものだ。そこから、毎日→週2～3回→週1回……と、だんだん減っていくわけである。

元来私は、1カ月に1回しか掃除機をかけなくても問題ない人間である。さて、彼はどうなんだろうと観察していたところ、**さすがの私もそろそろ掃除機をかけなきゃまずいなと思ったタイミングで、彼が掃除機を手に取ったのだ。**

「私が全然掃除機をかけないから、しびれを切らしたんだね？」と聞いたところ、「いや、最初は掃除を頑張ってくれているなあと思ってたけど、そんなマメな人間ではないって分かってたよ。気にしないで。というか、なんとなくそろそろかけなきゃいけない汚れ具合だな、と思ったからさ」と答える彼。

求める清潔感のレベルが同じであること。そしてひとり暮らし歴が長いこともあり、掃除に限らず、大体のことは自分でするものという考えが、彼に身に付いていることが判明したのである。**そして一番大事なことは、家事について彼が私に何も期待していないということだ！！！！**

掃除機は一例であるが、どちらかが潔癖で、どちらかが不潔でも気にしないタイプであれば、同居すると毎日のようにケンカが起きることだろう。

仕事では、「相手のことを考えて行動しよう」とこの本で散々説いているくせに、それをなぜ私生活では取り入れないのか。矛盾しているのではないかとご指摘を受けそうだが、そもそも考えてみてほしい。

仕事がバリバリできて私生活も完璧な人間が、この『「フツーな私」でも仕事ができるようになる～』という本を手に取るだろうか。**あくまで、私やこの本を手に取ってくださった皆さんは、「フツー」なのである！**「24時間働けますか！」というリゲインのＣＭコピー（バブル時代の懐かしいＣＭだ）のような生き方は、とうに諦めた人しか読んでいないはずだ。

「頑張りすぎなくていい相手」を選ぶ

24時間頑張れるような人は、仕事も私生活も存分に励めばいいが、**「自分が頑張りすぎなくていいような、パートナー選びも可能であること」**を、頭の片隅に置いておくと、少しは楽に生きられるのではないだろうか。現在、この原稿は夫が習い事に娘を連れていってくれている間に書いている。一事が万事、何も期待されていない。掃除だけでなく子育てだって、夫は私に任せてくれないのである。

ただ、こうやって書いていると、「私の夫はなぜ、私のような人間と結婚してくれたんだろう?」と心から不思議に思う。私からするとパーフェクトな夫であるのだが、裏を返せば、夫は私と結婚して幸せなのだろうか、と。

私はたくさんの幸せを夫からもらっているが、夫には何も返せていない気がする。ギブ&テイクの精神ではないけれども、ギブ&ギブだと、つらくなってしまうのではないか。同棲を終えて、ついにこれから結婚という時期に聞いてみた。

私「私はあなたに何もできていませんが、大丈夫でしょうか」

夫「良くも悪くも何をするか予想がつかないので、エンタメとして一緒にいて楽しいから大丈夫ですよ。絶対に自分がしないようなことをするので、結婚してこれから何をするのか、すごく気になります」

普通、このように言葉では言えたとしても、実際に応援してくれる人となると、そうはいない。結婚後も彼はその言葉通り、子どもが2歳のときに私が早稲田ビジネススクールに通うことを許してくれた。

さすがの私も、子どもがまだ小さいし、挑戦していいのか悩んでいたが、そのときの夫のセリフは**「今は諦めても、どうせ忘れた頃にまた行きたいって言うんだから、さっさと挑戦しちゃいなさい。言うほど子育てしてないでしょ」**。確かに!!!!!と思って挑戦させてもらい、無事に長年の夢であった早稲田を卒業できたのである。

ということで、結婚後の「こんなはずじゃなかった！」を防ぐには、お互いがイメージするライフプランや価値観の共有が大事。付き合っている相手との結婚が見えてきたら､早めに今後のキャリアの方向性や実現したいことを話し合っておこう。

また、結婚前に同棲するなどして、「本当の自分を、早い段階でさらけ出して知ってもらう」ことも、お互いのためになるかもしれない。

今日から
できる
TODO

▼自分のキャリアや実現したいことをベースにして、どんなパートナーが合うのか考えてみる

▼家事レベルや金銭感覚、お互いの価値観を理解し合うためには、「お試し同棲」がおすすめ

▼仕事を頑張っている人ほど、「無理しなくていい、頑張りすぎなくていい、安らげる相手」というパートナー選びの視点を持つ

方法 31

パートナーとの相性は「金銭感覚」でチェック

パートナー選びの際に年収と同じく、大事なのが「金銭感覚」だ。前述の通り、結婚は「経済的な保険」になるけれども、相手に借金や浪費癖などがある場合は「リスク」になることだってある。付き合っている相手が普段どういった買い物をしているか、よくチェックしてみると金銭感覚が分かると思う。

結婚当初、夫はすでに足立区に2LDKの中古マンションを購入しており、ローンも半分くらい返済が終わっていた。

▼**身の丈に合った物件を買っている**
▼**繰り上げ返済を使って、ローンを早めに完済しようとしている**

ここから分かることは、夫はめちゃくちゃ堅実だ！　ということだ。さらに、都心の高すぎるおしゃれ新築物件ではなく、足立区の手の届く価格の中古マンション。いいではないか。雨風をしのげればいい派の私としては将来、手放す可能性がある不動産にお金をかけたくない。不動産の価格は変動するものなので、余計にそう思う。この人は、結婚してもきっと間違った買い物はしないだろう、という確信が持てた。

私と夫は正反対ともいえる性格なのだが、不思議とお金に関する価値観についてはぴったりと合う。結婚して家族が増えると、住宅や教育費など大きなお金が動く機会も増える。収入やキャリアにも関わる話だ。年収をはじめ、借金の有無、貯蓄の習慣、金銭感覚……。結婚を視野に入れて付き合っている人がいるなら、お金に関わることは、早めに探っておきたい。

「人生年表」をもとに、夫婦で話し合う

ちなみに夫と私は、定期的に、人生年表を2人で作っては話すようにしている。

結婚当初は、子どもができるかどうかも分からなかったので、ぼんやりとした計画ではあった。

住宅ローンはなるべく早く返済して、子どもができたら教育資金を早いうちに貯めてしまおう。そのためにも、私の独立計画が肝ではあった。開業した事務所が軌道に乗って、独立資金200万円を増やすことができるのか、使い果たして諦めて勤めに出ることになるのか。「ここが定まらないときちんと話ができないよね」と、常々2人で話していた。

そして、なんとなく仕事も軌道に乗って私の収入も少しずつ安定してきた頃に、子どもができた。

さて、改めて人生年表を作ろうか。どんなことを私たちがしてあげられるのか、実際に生まれた子どもを見ながら、2人で考えた。「自分の好きなことをさせてあげたいね。お金が理由で選択できない、なんて思いはさせたくないね」。2人の意見が一致した。

正直、現在住んでいる足立区のマンションは古いし、3人で住むには狭い。しかし、住宅にお金をかけるなら、子どもの将来にお金を使いたいね、と話し合った。「どうせ子どもはいつか独り立ちするわけだから、我々が雨風をしのげれば住宅はなんでもいいよね」と。

じゃあ、教育には一体いくらぐらいお金がかかるのか。子どもが何をするかにもよるが、突拍子もないことを言っても対応できるくらい、しこたまお金を貯めようと決めた。具体的には、中学受験をして、私立大学の理系学部まで行くことを想定して2000万円をひとつの目標値とした。

受験勉強は小4くらいから始まるわけだから、小3までに2000万円が貯められたら、最悪、我々の収入が減っても子どもには迷惑をかけないよね。もしも中学受験しないと決めて、教育費が余ったら、好きなことに使おうぜ。ははは。……というわけで、「2000万円」という目標値を設定したのだ。

夫が住宅ローン、自分は教育資金担当に

夫婦の分担は、夫が住宅ローン担当・私が教育資金担当である。無事、2人で担当業務を先日完遂した。（途中、私が早稲田のビジネススクールに通うと決めたときは、自分の学費も捻出するため、なかなか大変だったが「教育資金担当」としては言い訳せずに、なんとか頑張った）

まだ子どもが中学受験をするかも分からない時期に、とりあえずの資金目標は達成したので、我ら夫婦は「教育費のために働き続けなければならない」というプレッシャーから少し解放された。

「じゃあ、子どもが海外に行くと言ってもいいように、さらに教育資金を厚くしよう」とか、「老後は田舎に行きたいねえ。いくら必要かねえ」など、**不思議なことに1つ目標をクリアしたことで、これまでは余裕がなくて考えもしなかったような新たな夢が湧き上がってくるわけだ。**それに向けて、また「老後の貯蓄担当」とい

う新たな仕事ができた。こうして、我々は日々、楽しく働けるわけである。

「貯蓄としてお金をただ寝かせておくのはもったいない、運用したほうがいい」という考えもある。もちろん資産運用も別途行っているのだが、あくまで教育資金は現金として取り置いてある。だって、教育資金は親としての当たり前の責務であり、子どもへのプレゼントであるわけだから、運用の失敗で減らすわけにはいかない。

会社と同様、家庭も1つの組織である。1つのミッションに向けて夫婦で力を合わせて動く。これだけで、会話も増えるし、ケンカも少なくなる。

掃除などの家事についてもそうだが、なかでも特に「何にお金をかけたいか」という点は、パートナーと価値観が一緒であることが非常に重要だと感じる。ここで、住宅にとにかくお金をかけたいという夫であれば、ケンカが多発していただろう……。

ついでに言うとマイカーも持っていない。毎日乗らないのに、駐車場代・ガソリン代・車検代……。地方に住んでいれば必要かもしれないが、交通の便のいい都内なら、考えれば考えるほど、タクシーやレンタカーで十分じゃないかと。夫が「都心の高級マンションに住みたい」「マイカーを持つことが当たり前」「きょうだいがいないと、ひとりっ子ではかわいそう」といった世間一般の固定観念にとらわれない人で本当によかった、と思っている。

今日からできる
TODO

▼住宅など大きな買い物をするときに重要な金銭感覚は、付き合っているうちから早めにチェック

▼結婚したら、お互いのキャリアも含めた「人生年表」を作る。住宅ローンや教育費などそれをもとに話し合い、資金を用意する

方法 32

居心地のいい場所で「ゆるいつながり」をつくる

ビジネス系の自己啓発本を読むと、必ず出てくる「人脈づくり」の話。普通に家と会社を往復しているだけでは、なんの出会いも生まれない。じゃあ、仕事に役立つ人脈ってどうやってつくるのよ？　というと、パッと思い浮かぶのはいわゆる「異業種交流会」ではないか。

しかし、私はパーティー会場のようなところで、不特定多数の人と名刺交換する「異業種交流会」が昔から得意ではなかった。100回の合コンで培ったスキルで愛想良く、会話を続けることはできるのだが、異業種交流会に参加するような人は、自分のペースでグイグイ来る野心的なタイプが多い（私はガッツガッツした肉食系の人がそもそも苦手なのだ）。会が終わる頃には精神的にすっかり疲弊して、後に残ったのは山ほどの名刺だけ。むなしい……。

例えば、職種が営業で、「ノルマを早く達成したい」「営業成績を上げたい」といった確固たる目的があるなら、経営者や重役がたくさん来るような会に参加するのは理にかなっていると思う。一方で、「会社以外の人と話して、視野を広げたい」「仕事のことを相談できるメンター的な知り合いが欲しい」といった〝ゆるめの目的〟ならば、異業種交流会やパーティーなどに限らなくても、出会いの場はたくさんある。

仕事以外の場で「加点」をもらう

趣味の集まりや習い事も出会いの場としておすすめなのだが、私のように無趣味な人間はどうすればいいのだろうか。**仕事につながるような何かを始められないか……と考えて思いついたのが、「スポーツ系の習い事」だ。**

実は以前から仕事上、ゴルフに誘われることが多かった。しかし、やったこともないし、そもそも運動音痴の私。まあ、やらず嫌いというのもなんだし、重い腰を上げて、今年から不定期だがゴルフレッスンに通うことにした。同じ時間帯に来て、顔を合わせる人とは「いつもこの時間なんですか?」「何をされているんですか?」と、自然に会話が始まる。ゴルフ教室主催のコンペなどもあるので、一緒にコースを回ればすぐに仲良くなれそうだが、まだ全く参加できるような腕前ではない。

今はまだ、気の置けないメンバーと一緒にコースを回り、「ゴルフのお作法」をイチから教えてもらっている段階だが、これから上達すれば顧問先の社長とコースを回り、関係性を深められるかもしれない。

まるで「昭和のサラリーマン」のようだが、いまだに会社経営者が主催するゴルフコンペは、人脈づくりの格好の場だ。ヘタな飲み会よりも、自分自身を効率良く知ってもらえるし、相手のこともよく分かる。コースを一緒に回っていると、仕事に関わる情報をポロッと教えてもらえたりもする。

「接待で仕事を受注したくない。仕事の成果だけで判断してほしい」という人には到底理解されない思考かもしれない。しかし、こういった夜の飲み会やゴルフなどの接待は、自営業の人間としては特に、やらないわけにはいかない面もあるのだ。接待やお付き合いなど、**仕事以外のところで「加点」をもらうのもまた、ひとつの方法だと思っている。**

「飲みの場」で気持ちがラクになることも

ちなみに、若い世代にとって「飲みニケーション」という言葉は死語になりつつあるが、私はこうした飲み会の場も「仕事の一環」として割り切って参加している。接待で仕事が円滑に進むのであれば、使わない手はないのではないか。これもそれぞれの価値観によるだろうが……。

また、人脈づくりというよりも、「視野を広げる」のが目的で、ストレス解消も兼ねてよく行くのは、地元にあるバーなど行きつけの飲み屋さんである。さまざまな年代や業種の人が集まるバーは、いろんな発見があり、こり固まった頭を柔らかくほぐすのにも最適なのだ。

「若い世代はPCを使わないで、スマホでレポート作っちゃうんだ〜」など、他愛もない会話しかしていないが、多様な価値観に触れられて楽しい。「あそこの空きテナント、今度はこんなお店が入るみたいだよ」「知り合いが税理士さんを探しているんだけど」など、ちょっとした地域情報が仕事につながることだって、たまにある。

「行きつけのお店」なんて、ちょっと女子ひとりではハードルが高い！　と思うかもしれないが、まずはマスターと話して仲良くなれれば、他のお客さんとも自然に会話できるようになるはず。出会いが広がり、コミュニケーションのレッスンにもなる、地元の飲み屋活用法。いかがだろうか。

人脈づくりのために、自分が居心地の悪い場所にまで無理して行くことはない。**「習い事の場や飲食店など、自分の生活圏内で出会う人に、ちょっと声を掛けてみる」「誘われたらとりあえず参加してみて、居心地がよければまた行ってみる」**くらいのスタンスから始めればいいのでは、と思っている。

たとえ仕事に直結しなくても、普段の仕事で出会う人とは全く違う分野の人と話をすることで、気持ちがラクになったり、新たな「居場所」ができたり、といったことにもつながるはずだ。

今日からできるTODO

▼習い事や趣味の集まり、スポーツクラブ、近所のバーなど会社と家以外の「サードプレイス」を持つ

▼「新しい場」に誘われたときは、とりあえず行ってみる。フットワークの軽さが出会いを生む

方法 33

SNSは「ツール」と割り切って付き合う

もはや、日常に組み込まれているSNSでのコミュニケーション。スマホを持っていて、「全く何もやっていない」という人のほうが珍しい。投稿はしなくてもアカウントは持っていて、たまに友人の投稿チェックくらいはしているという人が多いのではないかと思う。

私の場合、フェイスブックやツイッターは、プライベートというよりも仕事用の「営業ツール」として使うほうが多い。自著の紹介や、メディアの出演情報などの合間に、家族ネタや税理士ネタなどをバランス良く挟み込んで投稿している。**「〝田村麻美〟をいろいろな人に知ってもらい、最終的には本を買ってもらう」のが目的だ。**

プライベートをダダ漏れにしているように見えるかもしれないが、大事なところは投稿しないように徹底している。もちろん嘘は投稿していないが、日常の一部分だけ切り取って投稿しているので、〝裏田村〟は全く出していない。

……と言うと、「自然体に見せかけた投稿をあえてしている」という打算的な私を露呈してしまっているが、まあ、**SNSとは、仕事のための営業ツールであり、言ってしまえば自己満、つまり「虚像のプラットフォーム」であると私は思っている。**「SNSはすべて虚像である」とひねくれた目線で見てみると、他人の投稿もまた違った趣が出てくる。そのほうがモヤモヤした思いに振り回されずに、楽しみながらSNSに向き合うことができるかもしれない。

営業用として使っているツイッターなどとは違い、インスタグラムは、主に習慣となっているランニングのログとして使っている。「今日は10km走りました！」と写真と一緒に投稿すると、意識の高いインスタ住人から「素晴らしいですね！」など、ポジティブなコメントがもらえるので、モチベーションがぐぐっと上がるのがいい（ツイッターだとこんな反応は来ない）。モチベーション管理のためにSNSを利用している節もある。

そのSNSは自分の強みを生かせるか？

プライベートの楽しみや暇つぶしとしてSNSをしている人も多いだろうが、**せっかく貴重な時間を使うのだから、発信ツールとして活用する**のがおすすめだ。副業を考えているなら特に、使わない手はないと思う。無駄に個人情報をさらすくらいだったら、もったいないのでおすすめしない。自分をさらすのであれば、その先に何かを生み出さないとやる意味を感じないものが、SNSだと思っている。

その際、気を付けたいのが自分の強みを生かせるSNSを選ぶこと。雰囲気のある写真が上手で、テキストよりもビジュアルで勝負するならインスタグラム、自分自身が前に出ることに抵抗がなく、動画の編集にも自信があるならTikTokやYouTube、ちょっとひねりがあるテキストを面白く書けるならツイッターなど、表現するチャネルを使い分けるといい。

ちなみに、仕事もプライベートもキラキラと充実している同世代の日常を、

SNSで垣間見て、「それに比べて自分は……」とモヤモヤしてしまう人もいることだろう。**焦りや妬ましさを覚えてしまう自分が嫌なのに、それでもSNSを見ることがやめられない……という依存気味の人は、1カ月など期間を決めて「禁・SNS」をしてみるのはどうか。**

実は私も、今年に入ってからSNSを極力投稿せず、見ないようにしている。営業目的で投稿をしていたのだが、割とニコニコ楽しめる投稿を普段から心がけていた私からすると、コロナ禍のシリアスな状況で、私の〝ニコニコ投稿〟は不謹慎に映ってしまい、逆ブランディングになってしまうと感じたからだ。

特段宣伝するものもない時期ではあったし、投稿するのはいったんやめよう、と考えて今に至っている。ちなみにこちらの本が発売されたら、急に投稿し始めるだろう。私はそういう人間である。

また、SNSに投稿しなくなると、あまり他人の投稿も見なくなった。他人の動向が気になりすぎる人間であるので、私のようなタイプからするととても楽しいツールであったのだが、その半面、他人の投稿内容に一喜一憂してしまっている自分も知っていた。

最初のうちは、他人の動向をチェックしたくて仕方なかったのだが、そのうち見なくなることが当たり前になっていった。空いた時間で自分のことを考える時間や読書の時間、ランニング時間まで増えた。

もちろん、SNSは時間・場所を問わず人とつながることができる素晴らしいプラットフォームであり、営業ツールとしてもとても使えるものである。ただ、それに依存してしまうことのデメリットもあるので、〝つかず離れず〟の距離感を持っていきたいものだと思っている。

今日から
できる
TO DO

▼ SNSは自分の発信ツールとして活用する。
特に副業をしたい人&今している人なら利用しない手はない

▼ 写真が上手ならインスタグラム、面白いテキストが書けるなら
ツイッターなど、自分の強みや目的によって使い分ける

▼ スマホ依存やメンタル面での不安定さを感じたら、
期間を決めて「SNS断ち」する

方法 34

「ギブ&テイク」は「ギブ」のほうを心がける

起業したばかりの頃は、顧問先を増やさなければ！という一心から、私は「テイク&テイク」の人だった。**当時、口を開けば「税理士探している人はいねーかー、いねーかー」と言っていたものだ。**おまけに、自分に余裕がなくて、他人に「ギブ」できるような情報も人脈もなかった。

税理士として安定してからは、起業当初の「テイク」の恩返しとばかりに、周囲に「ギブ」を返すことを心がけるようにしている。

仕事をしていると顧問先から、税務以外でも相談を受けることがよくある。「弁護士を探しているんだけど」と言われれば、信頼できる弁護士を紹介し、「ホームページをリニューアルしたい」と言われれば、ウェブの制作会社を紹介し……といったように、間に入って人と人とをつなげることが結構多い。

最近では、頼まれる前から、おせっかいできる余裕もできてきた。「このお客さんとこのお客さん、相性いいかもしれないなあ」と、脳内で妄想をふくらませ、実際に間に入って取り持つこともある。

直接お金が儲かることはないのだが、「困ったときは田村さんにとりあえず相談してみよう」とクライアントに思ってもらえるのはうれしいことだ。普段の信頼感もアップする。**「いろいろな分野に顔が広い」というのも、武器のひとつなのだ。**

また、新たな出会いの機会があり、一緒に仕事がしてみたいと思った人には必ず**「何かあったら、声を掛けてください！」**と、本気で伝えるようにしている。

すぐに仕事につながらなくても、何かの機会に思い出してもらえれば、ちょっとしたことで連絡をいただけることもある。多少のことであれば損得勘定を抜きにして、「ギブ」の姿勢で応える。それで喜んでもらえればとてもうれしいし、自分の味方を増やすことにもつながるからだ。

今日からできる TODO

▼若いうちは「テイク」ばかり求めがちだが、年齢とともに周囲への「ギブ」の割合を増やしていく

▼人脈や情報を提供することを惜しまない。他人への「ギブ」は、回り回って自分の味方を増やす

おわりに

『「フツーな私」でも仕事ができるようになる34の方法』、いかがだったろうか。
自信もなく、能力も劣っている私が「仕事ができるようになる〜」というタイトルの本を書くということは、現時点で仕事ができるようになっていると自分で認めていることになるじゃないか、と、タイトルで悩んだのは事実。

「自分で言っちゃうんかーい」と、ツッコミが満載なのは承知の上でございます。

正直、私のような人間が現在、生きることができているのは、**運と、人と同じことをしないと決めた少しの勇気**があったからだけだと思っている。

人と同じように頑張ってもうまくいかないことばかりだったから、市場（働く場）を変えたり、働き方を変えたりしつつ、「できない自分」のアラが見えない仕事のやり方、生き方を模索して実践してきた。

昨今の風潮として、人の目を気にするな、評価を気にするな、やりたいことをやれ、といったものがある。

やりたいことってなんだろう。私が本心でやりたいことといえば、毎日、泥酔して好きなだけテレビを見ていたい。好きなときに寝て起きる生活をしたい。それだけだ。

しかし、これは世間で言われている「やりたいことをやれ」のやりたいことには該当しない。ここで言われている「やりたいこと」というのは、お金に結びつく仕事などのことだ。

どんな業界で働きたいとか、そういったことを言っているわけだが、「やりたいこと」がない私のような人間だっている。

なんとなく自分の性格に合っていそうな仕事を始めたとしても、「やりたい」という熱量が圧倒的に他人より少ないのだから、その後の成績などにも差が出てくる。

しかし、冷静に考えてみれば、勤め人であろうが自分で事業を立ち上げようが、会社もしくは外部のお客様、つまり自分以外の誰かに評価されて初めて、対価というお金をいただけるわけである。

私は「人の目を気にするな。評価を気にするな」という風潮には、はなはだ疑問を持っている。こんなことを言えるのは、突き抜けた人間だけだ。これを凡人が素直に受け入れたら大事故を起こすだろう。

そりゃ、人の目を気にしなくていいのであれば、これ以上ラクなことはない。しかし、これができるのは一握りの人間。自分がその一握りの人間なのか。

八方美人。どちらかというと嫌な意味合いで使われることが多い言葉だが、そうだろうか。その場の空気を読んだ行動ができる人間とも捉えられるだろう。

ぐだぐだ書いてしまったが、大前提として、世の中では大半の人間が、他人からの評価をもってしてお金をいただく流れになっている。であるなら、実力を伸ばすことも大切だが、周りの空気を読み、媚《こび》を売ることだって大事なことなのである。

世知がらいって？　そんなことしたくないって？
だったら、自分が評価する側の人間になるしかない。

世の中の流れを客観的に捉えて、自分がどう生きるかは自分しか選択できない。私はこれからも無理のない程度に媚を売りながら、世の中にしがみついていく。ただそれだけのこと。

最後になりますが、このようなひねくれた、向上心のない私の本がここまできれいにまとまったのは、日経ＷＯＭＡＮ編集長・藤川明日香さんと編集協力に携わってくださった澤田聡子さんのお二方のおかげだと思っております。感謝しか述べられません。お二人とのやり取り、とても楽しかったです。またぜひ、ご一緒させてください。（こうやって公の場で媚を売ることになんの抵抗もありません）

そして、最後まで読んでくださった皆さん。こんな思考回路の人間でも、今は社会といい距離感で楽しく生きております。肩の力を抜いて、社会にそこそこ気を使いながら、一緒にゆるっと生きていきましょう。

２０２１年、私のようにジメジメした梅雨の足立区にて　田村麻美

田村麻美（たむら・まみ）

1984年埼玉県生まれ。立教大学経済学部卒業後、同大学大学院で経済学研究科経済学専攻博士課程前期課程修了。都内の大手税理士法人、埼玉県内の税理士事務所を経て2013年、東京都足立区にて自身の税理士事務所を開業後、現在、税理士法人江波戸会計東京支社長・TRYビジネスソリューションズ代表取締役社長。2018年に出版した初の著書『ブスのマーケティング戦略』（文響社）が話題となり、2020年に集英社文庫で発刊。2019年、早稲田大学大学院経営管理研究科修了（MBA）。夫と娘の3人家族。
http://tamuramami.com/

「フツーな私」でも仕事ができるようになる34の方法

2021年8月9日　第1版第1刷発行

著　者　田村麻美
発行者　南浦淳之
発　行　日経BP
発　売　日経BPマーケティング
〒105-8308　東京都港区虎ノ門4-3-12
装　丁　小口翔平＋加瀬 梓（tobufune）
本文デザイン　畑中 茜（tobufune）
イラスト　一二三かおり
カバー写真　洞澤佐智子
執筆協力　澤田聡子
編　集　藤川明日香（日経WOMAN編集部）
制　作　増田真一
印刷・製本　図書印刷

ISBN 978-4-296-10995-1
©Mami Tamura 2021 Printed in Japan

本書の無断複写・複製（コピー等）は、著作権法上の例外を除き、禁じられています。購入者以外の第三者による電子データ化及び電子書籍化は、私的使用も含め一切認められておりません。

本書に関するお問い合わせ、ご連絡は下記にて承ります。

https://nkbp.jp/booksQA